# CRÉATION

DE LA

# PROPRIÉTÉ INTELLECTUELLE.

# CRÉATION

## DE LA

# PROPRIÉTÉ INTELLECTUELLE.

## DE LA NÉCESSITÉ ET DES MOYENS

## D'ORGANISER L'INDUSTRIE, DE MORALISER LE COMMERCE

### ET DE

## DISCIPLINER LA CONCURRENCE,

### PAR M. JOBARD,

MEMBRE DE LA LÉGION D'HONNEUR, DIRECTEUR DU MUSÉE DE L'INDUSTRIE BELGE,
CONTRÔLEUR-AVISEUR AU DÉPARTEMENT DES FINANCES, COMMISSAIRE DU GOUVERNEMENT BELGE
A L'EXPOSITION FRANÇAISE DE 1839,
PRÉSIDENT ET MEMBRE DE PLUSIEURS SOCIÉTÉS SCIENTIFIQUES.

Le travail est la seule source légitime de la
considération, des honneurs et de la richesse.

## Tirée à 100 exemplaires. — Prix : 20 fr.

# BRUXELLES.

## IMPRIMERIE DE C.-J. DE MAT ET Cᶜ.

### 1843.

# CRÉATION

## DE LA

# PROPRIÉTÉ INTELLECTUELLE.

### DE LA NÉCESSITÉ ET DES MOYENS

## D'ORGANISER L'INDUSTRIE, DE MORALISER LE COMMERCE

### ET DE

## DISCIPLINER LA CONCURRENCE,

### PAR M. JOBARD,

MEMBRE DE LA LÉGION D'HONNEUR, DIRECTEUR DU MUSÉE DE L'INDUSTRIE BELGE,
CONTRÔLEUR-AVISEUR AU DÉPARTEMENT DES FINANCES, COMMISSAIRE DU GOUVERNEMENT BELGE
A L'EXPOSITION FRANÇAISE DE 1839,
PRÉSIDENT ET MEMBRE DE PLUSIEURS SOCIÉTÉS SAVANTES.

> La libre concurrence dans les arts, les sciences et les lettres, c'est
> de l'émulation ; dans l'industrie et le commerce, c'est la guerre.

La libre concurrence a fait des pays constitutionnels une arène, où les industriels et les commerçants, semblables aux cailloux roulés par le flux et reflux, se fracassent et s'usent entre eux jusqu'à n'être bientôt plus qu'un sable aride, qu'une vaine poussière.

Les nations se jettent toujours d'un extrême dans l'autre; c'est ainsi que du gouvernement d'un seul elles sont passées immédiatement au gouvernement de tous, et qu'en sortant du monopole industriel et commercial elles se sont précipitées tête baissée dans la liberté illimitée de l'industrie et du commerce.

1

En croyant échapper aux inconvénients de l'ancien ordre de choses, nous nous sommes engagés dans un ordre de choses opposé, sans nous enquérir des inconvénients qu'il pouvait présenter. On dirait en vérité que le juste-milieu est inventé d'hier.

Les crises industrielles et commerciales sont nécessaires, inévitables et périodiques, nous dit-on ; mais comment se fait-il qu'elles ne ravagent que les *pays de liberté?* C'est ainsi que l'on nomme les pays constitutionnels, où chacun *est seul contre tous* et jouit de l'étrange privilége de pouvoir ruiner son voisin par une concurrence à mort, dans laquelle la victoire reste toujours du côté des *gros monceaux d'or.*

La libre concurrence n'est autre chose qu'une guerre où les soldats sont remplacés par des écus. Les résultats en sont les mêmes ; mais le champ de bataille n'est pas seulement à la frontière, il est partout ; ce n'est pas seulement une guerre internationale, c'est une guerre intestine, de province à province, de ville à ville, d'homme à homme ! une guerre de buissons et d'embuscades, une guerre de vrais sauvages qui n'épient que l'occasion de se scalper les uns les autres.

Quelle différence y a-t-il en effet entre la vie de nos producteurs et de nos marchands qui ne cherchent qu'à détruire leurs concurrents, et la vie des cannibales qui ne pensent qu'à tuer et dévorer leurs ennemis?

C'est l'observation de cet état d'antagonisme, dans lequel nous a plongés la prétendue émancipation de l'industrie et du commerce, qui a conduit tous les bons esprits à réclamer, depuis quelque temps, une organisation quelconque du travail, comme il arrive aux peuples, fatigués de l'anarchie populaire, de réclamer l'intervention étrangère ou la dictature du sabre, pour rétablir l'ordre et la sécurité au milieu d'eux.

On a indiqué l'association comme un remède à l'impuissance de l'individualisme. L'association ne ferait faire qu'un premier pas vers le bien, comme l'établissement des tribus, des clans et des communes n'a été qu'un acheminement vers la monarchie, mais ce moyen ne ferait encore que changer la guerre individuelle en guerre de pelotons, en guerres seigneuriales. Les associations industrielles et commerciales n'en continueraient pas moins à batailler, quoique sur une plus grande échelle. Il pourrait y avoir des trèves, des alliances, mais jamais de paix durable, les rencontres seraient un peu plus rares, mais tout aussi meurtrières pour les deux partis et aussi fatales à la société.

Mettez aux prises 80 mille hommes ou 80 mille écus contre 100 mille hommes ou 100 mille écus; que restera-t-il au vainqueur après le combat? Environ 20 mille hommes et 20 mille écus! Perte sociale, perte sèche : 80 mille hommes et 80 mille écus.

Voilà les résultats les plus certains de la guerre et de la concurrence!

Tous les soins de l'homme sensé doivent donc se porter sur les moyens d'empêcher la guerre et de réprimer la concurrence qui n'est bonne que dans *les arts, les sciences et la littérature,* mais qui sera toujours fatale à l'industrie et au commerce.

Nos ancêtres l'avaient senti quand ils ont établi les jurandes, les maîtrises et les monopoles; mais ces institutions se sont corrompues avec la monarchie; des abus s'y sont introduits en si grand nombre qu'ils en ont absorbé les bénéfices, et qu'on a mieux aimé les briser violemment que d'essayer de les épurer.

Nous venons de dire comment l'ancienne organisation du travail, fondée sur les jurandes et les maîtrises, était tombée avec les institutions monarchiques fondées sur l'absolutisme.

Nous ajouterons que la liberté désordonnée dans laquelle se sont lancés les peuples constitutionnels n'est point un progrès, mais un recul, et que la concurrence illimitée, tant vantée, n'est rien moins qu'une guerre générale, où chacun se trouvant seul à batailler contre tous, doit infailliblement finir par succomber.

Une seule institution importante, fondamentale, a résisté à la débacle révolutionnaire, c'est la propriété foncière; aussi est-elle exempte de ces épouvantables crises qui sont la plaie de l'industrie et du commerce, parce qu'elle est organisée.

Il n'est pas difficile de voir qu'il suffirait de réorganiser l'industrie et le commerce sur le même pied, pour y faire régner le même ordre, la même sécurité. C'est ce qu'avaient fait Henri III et Henri IV par leurs édits de 1581 et 1597, qui furent les premières chartes octroyées au travail, en France.

Si les besoins du trésor pervertirent, avec le temps, ces institutions, on ne doit pas oublier qu'il n'est pas un abus qui n'ait servi de base à quelque création respectable dans son origine.

Tant que le territoire d'un pays est livré à la *vaine pâture,* tant que tout appartient à tous, il n'existe de propriété pour personne; mais aussitôt que les terres sont partagées, bornées et clôturées, la propriété commence à exister réellement et tend à s'accroître avec le temps.

Il en sera de même de l'industrie et du commerce qui se trouvent littéralement livrés, en ce moment, à la *vaine pâture;* chacun foule à qui mieux le champ de tout le monde et se plaît à détruire les barricades que d'aucuns se permettent d'élever sur le commun.

Constituez donc l'industrie et le commerce, élevez donc à l'état de propriété, les œuvres du génie industriel et la clientèle commerciale! Car voilà le nœud gordien! voilà ce *quelque chose à faire* que les économistes soupçonnent, sans avoir pu le formuler encore.

Nous pensons être assez heureux pour parvenir à leur démontrer que l'idée mère étant trouvée, rien ne serait plus aisé à constituer que l'industrie, et cela, sans blesser les droits acquis du passé; mais à partir du présent, l'industrie et le commerce pourraient certainement entrer d'emblée dans la carrière de la plus féconde réorganisation.

Rien, nous le répétons, ne serait plus aisé que d'introduire dans le travail cette sécurité et cette ordonnance qui règnent dans la propriété foncière.

Ce *palladium* de l'avenir des travailleurs, personne n'eût été le chercher dans l'informe institution des brevets d'invention. On ne doutera pas cependant qu'il ne s'y trouve en germe, si l'on veut nous suivre dans les preuves qui se présentent en masse et que nous nous proposons d'accumuler, pour démontrer aux moins intelligents le mécanisme de l'institution que nous voudrions voir adopter le plus tôt possible.

Qu'on ne vienne pas nous accuser de demander le rétablissement des anciens monopoles et le régime odieux des priviléges qui mettaient tout en régie et faisaient du travail un *droit régalien,* exploité au profit d'un trésor toujours obéré. Nous n'avons pas d'aussi absurdes prétentions, nous ne voulons rien de ce qui est acquis au domaine public; mais nous demandons que ce qui est à naître, à créer, appartienne désormais à son auteur; et que cet auteur ait la faculté d'en user et d'en abuser comme de sa chose, le droit *utendi et abutendi* qui constitue le signe indélébile de la propriété.

Nous ne vous laisserons pas même la ressource de vous effrayer des conséquences exceptionnelles qui pourraient en résulter, en vous mettant devant les yeux la loi *d'expropriation pour causes d'utilité publique.* Car, ce qui fait principalement trembler ces hommes aux jambes de verre, qui n'osent faire un pas de peur de se les briser, c'est la crainte puérile de voir apparaître ce que les journaux de la démagogie appellent pompeusement l'*aristocratie d'argent,* qu'ils trouvent, ajoutent-ils, bien plus dangereuse que l'aristocratie nobiliaire.

Ainsi, pendant qu'ils regardent comme très-naturelle l'existence de la grande propriété foncière, bien souvent acquise en dormant, ils trouveraient mauvais qu'il existât de grandes fortunes industrielles et commerciales, acquises par le travail, l'ordre, l'économie, la science ou le génie! Ils envieraient aux fils d'*Arkwright* et de *Watt* le riche héritage que leurs pères leur ont laissé après avoir été les deux plus puissants artisans de la richesse et de la gloire de l'Angleterre, qu'ils ont dotée de la vapeur et de la filature!

Nous prendrons cependant la peine de parer, même à ce qui semble aux niveleurs un si redoutable inconvénient, par l'établissement de patentes progressives et volontaires qui constitueront peut-être un jour le revenu le plus net et le plus équitable du trésor public.

Nous tenons surtout à notre projet; parce que la libre concurrence industrielle et commerciale nous conduit aux mêmes désordres que la liberté populaire, c'est-à-dire à la condition du sauvage, qui n'a plus d'autres lois que ses passions, ses intérêts et ses instincts, bons ou mauvais!

Par ce que la populace sait faire, aux jours où l'autorité lui tombe entre les mains, jugez de ce que l'industrie et le commerce vont faire de cette libre concurrence que vous pensiez devoir être si féconde et si utile à tous.

Sophistication, adultération, contrefaçon, falsification, frelatage de tous les produits quelconques de l'industrie, fraudes, tromperies, maquignonnage dans les transactions du commerce; voilà ce que la libre concurrence encourage, exige même aujourd'hui, sous peine de ruine; et vous appelez cela un ordre de choses naturel et fécond! au lieu de la noble émulation que vous attendiez du *laissez faire*, vous n'avez recueilli qu'un ignoble et désastrueux antagonisme.

Nous le répétons : la concurrence, excellente dans la carrière des sciences, des arts et de la littérature, est fatale au commerce et à l'industrie, parce que les artistes, les savants et les littérateurs ne dépendent ni des ouvriers, ni des associés, ni des comptables, ni des crises politiques, ni d'une foule de clients, d'entrepositaires, de correspondants, aux mains desquels leur avoir est souvent tout entier disséminé, et au-delà.

Tout homme qui ne s'occupe que d'une œuvre unique, n'a pas à craindre que la falsification de produits similaires le force à falsifier les siens ou à périr : mieux il fait, plus ses œuvres lui rapportent de gloire et d'argent; tandis que c'est le contraire aujourd'hui pour le fabricant et le marchand.

Le mérite de l'artiste consiste dans la perfection, tandis que le mérite des industriels et des marchands ne gît plus que dans l'art de fabriquer et de vendre à meilleur marché que leurs concurrents, et ils ne peuvent guère y parvenir que par des expédients immoraux, c'est-à-dire en livrant de la marchandise aussi mauvaise que celle de leurs voisins, avec des poids aussi faux et des mesures aussi écourtées.

La libre concurrence a donné naissance à plus d'ingénieuses inventions, pour falsifier les produits de tout genre, qu'il n'en eût fallu pour enfanter des milliers de chefs-d'œuvre.

Les fabricants feraient un admirable livre de toutes les curieuses conceptions qui leur ont été suggérées par les spéculateurs et les marchands, pour falsifier des commandes à bon marché qu'ils sont forcés d'accepter, sous peine de perdre leurs pratiques.

Pour n'en citer que deux exemples qui donneront une idée des autres, nous dirons que d'indignes pacotilleurs ont forcé plus d'un fabricant d'aiguilles à leur livrer, à bon compte, et bien empaquetées, plusieurs millions d'aiguilles à coudre, à tête dorée, mais non percées, pour l'exportation d'outre-mer!

Souvent les fabricants d'armes du continent reçoivent des commandes de fusils de traite à 6 fr. la pièce; ces spéculateurs ont soin de les marquer d'un faux poinçon et font, par ce moyen, une épouvantable réputation à l'étranger à nos marchandises, au profit de leur pays.

N'est-il pas temps de mettre un peu d'ordre à cette anarchie, où le fripon a toujours l'avantage sur le travailleur sincère, comme la populace a l'avantage sur les honnêtes gens, aux jours de liberté du peuple souverain?

Convaincu que l'institution de la propriété foncière et mobilière a été la base de notre état social, comme elle en est encore la sauvegarde, il est tout simple que nous en tirions la conséquence naturelle, qui est d'étendre le plus possible la catégorie des choses susceptibles de former de nouvelles propriétés.

Les niveleurs de 93 n'étaient pas de cet avis, et les héritiers de leurs doctrines, qui regardent la propriété comme un injuste privilége, sont au regret de ne pas l'avoir entièrement supprimée, ne fût-ce que pour voir la fin de leur grande expérience.

Mais voyez la contradiction! ce sont ces mêmes hommes qui réclament, à grands cris, la répartition des bruyères, des landes et des marais communaux entre les pauvres, lesquels, ajoutent-ils, les assécheraient, les défricheraient, les enclôraient et leur donneraient une valeur bien supérieure à leur valeur actuelle.

Eh bien! pourront-ils nous combattre encore, lorsque nous abondons dans leur sens, en demandant le partage des landes et des terrains vagues de l'industrie et du commerce qui, n'appartenant à personne, restent livrés à la *vaine pâture*, comme nous l'avons surabondamment démontré?

Multipliez donc les propriétaires, et, pour y parvenir, sans dépouiller les anciens, élevez au rang de propriété tout ce qui est susceptible d'être circonscrit, mesuré, pesé, tout ce qui peut acquérir une plus-value par le travail, et vous entrerez d'emblée dans la véritable voie de réorganisation sociale après laquelle le monde entier soupire et qu'il est plus que temps de rencontrer.

Autrefois, quand la propriété foncière était le seul pivot de la société, que l'industrie et le commerce, à l'état naissant, disparaissaient derrière la fumée de la gloire militaire, et que le travailleur apparaissait à peine, entre les jambes des nobles chevaliers, — peu importaient les joies ou les plaintes du manant : le cliquetis des armes ne permettait pas de les entendre. Mais aujourd'hui que tous ces bruits factices ont disparu, aujourd'hui que la bourgeoisie, issue des anciens affranchis, qui n'étaient, aux yeux des Romains, que les parasites du corps social, en est devenue l'estomac, le cœur et les bras, il faut bien que la tête se décide à compter avec eux; on ne saurait plus renvoyer la cause aux calendes, l'urgence est reconnue et proclamée. *Proximus ardet Ucalegon!*
Il faut à toutes les activités un enclos à cultiver, il faut à chacun sa part de propriété!

C'est donc la loi agraire que vous allez nous proposer? s'écrieront les gens qui ne connaissent pas d'autre propriété que la propriété matérielle. — Oui, mais le champ dont nous demandons le partage est bien plus important encore que le vôtre, puisqu'il est susceptible d'une extension indéterminée ; c'est enfin le partage du vaste territoire de l'industrie et du commerce que nous réclamons; c'est le cadastre de cette lande immense qui s'étend de l'équateur aux pôles, et qui ne couvre pas moins de 360 degrés de longitude, que nous solliciterons, tant que Dieu nous laissera la vie, la plume ou la voix.
Vous voyez qu'il y en aura pour tout le monde de la propriété et pour longtemps à défricher!

Mais, semblable à la terre de Belgique, qui possède une richesse à deux étages, la surface et le fond; notre grande jachère possède une mine inépuisable, dans les combinaisons du génie de l'homme, qui fera des merveilles dès que la propriété de ses œuvres lui sera garantie.
Dès que l'inventeur pourra se dire : ce que j'imagine, ce que je trouve, ce que je fais m'appartient et peut me constituer une fortune transmissible à mes enfants; ce que j'améliore enfin, avec les instruments spirituels dont le Créateur

m'a pourvu, en m'envoyant défricher les jachères de l'intelligence, me promet un patrimoine aussi solide que celui que mon ignorant voisin s'est créé avec ses bras, en asséchant ce marais, en écobuant cette lande, en amendant cette plage inculte, vous pourrez vous attendre aux plus brillants résultats !

Dès que le commerçant pourra se dire : la clientèle que je crée, en servant avec probité et activité les consommateurs, en ne faisant connaître ma firme et mon magasin que sous de bons rapports, en arrosant pour ainsi dire mon enseigne par une publicité bien entendue, assure à ma famille une propriété qu'elle ne sera plus exposée à se voir enlever par un concurrent plus riche ou moins probe ; oh ! alors, le commerçant travaillera, avec courage et probité, à donner à ses affaires une extension, doucement, mais régulièrement progressive ; il ne s'empressera plus d'embrasser plus qu'il ne peut étreindre ; c'est alors que le proverbe de nos anciens corps de métiers : *Bonne renommée vaut mieux que ceinture dorée*, qui n'a plus de sens aujourd'hui, redeviendra une vérité.

Nous disons qu'il n'a plus de sens, car, que voyons-nous à la place de ces honnêtes commerçants d'autrefois ? D'avides et rusés spéculateurs, qui travaillent dans l'ombre à la fabrication, en serre chaude, d'une immense quantité de produits frelatés, séduisants en apparence et de peu de valeur en réalité, dont ils inondent un beau jour tous les marchés à la fois.

Les consommateurs se précipitent dessus, par l'appât du bas prix *extraordinaire*, *inouï*, *inconcevable*, auquel on les livre ; tandis que l'adroit *faiseur d'affaires* s'esquive comme un voleur qui vient de faire un mauvais coup, et disparaît de la scène, avant que ses dupes aient eu le temps de se reconnaître, pour aller recommencer ses tours sur un autre terrain, ou sur un autre objet.

Voilà la peinture exacte du *commerçant avancé* de notre époque ; vous voyez bien qu'il fait plus de cas *de la ceinture dorée* que de la bonne renommée !

Il en est beaucoup d'autres qui, prenant la presse pour complice de leurs fourberies, remplissent les journaux de pompeuses annonces ; qui font croire aux badauds (et tout le monde l'est un peu), que leurs drogues doivent posséder de bien merveilleuses qualités pour avoir été récompensées par un brevet accordé *par Sa Majesté* le Roi, ou protégées d'un rapport approbatif d'une célèbre Académie quelconque.

Avec cent mille francs d'annonces je me fais fort, disait un de ces preux de la réclame, de vendre pour deux cent mille francs d'eau de la Seine non filtrée : Vous voyez bien encore que pour ceux-là, *ceinture dorée vaut mieux que bonne renommée !*

Les lois, la police, et, à leur défaut, le blâme et le mépris public ne sauaient arrêter de pareils attentats, puisqu'ils ne sont pas *définis ;* ce serait d'ailleurs *porter atteinte à la liberté* de l'industrie et du commerce, cette précieuse conquête de la révolution, ou plutôt ce noble *palladium* de la fourberie organisée et triomphante.

Vous n'y pensez pas ! Réglementer l'industrie et le commerce ! mais ce serait détruire la *libre concurrence, source féconde de progrès infinis ;* ce serait aller à l'encontre de la maxime évangélique des apôtres du *laissez faire* et *laissez passer.*

Laissez-les donc faire et ils vous en feront de belles ! Laissez-les passer et ils iront loin, ces chevaliers errants du haut négoce !

Il est temps, à leur gré, que le reste des stupides honnêtes gens disparaisse du commerce et de l'industrie, qu'ils ne font qu'embarrasser de leurs ruineux scrupules ! Laissez-les faire et, avant peu, les domaines de la spéculation seront aussi sûrs que ceux de la Forêt-Noire. Les chevaliers d'industrie en seront les *burgraves ;* du haut de leurs positions dans la presse, ils battront le plat pays, et détrousseront parfaitement les caravanes débonnaires qui auraient encore la prétention de traverser impunément leurs châtellenies féodales !

Ah ! oui, il est plus que temps qu'il apparaisse un autre Louis XI pour nous débarrasser de ces chefs de *Routiers,* de ces *Trente mille diables,* de ces vils *malandrins,* de ces infâmes *chauffeurs* du commerce et de l'industrie !

Il est temps d'organiser une monarchie industrielle et commerciale, avec sa hiérarchie administrative, ses lois, ses règlements, ses récompenses et ses peines !

Il est temps enfin de fonder un empire régulier sur les ruines de cette anarchie qui menace le repos et le bonheur du monde !

Personne ne doute que l'institution de la propriété foncière n'ait été le point de départ de la civilisation actuelle. Il suffit, pour s'en convaincre, d'étudier l'histoire. Toutes les peuplades auxquelles cette institution manque, sont restées et resteront perpétuellement à l'état sauvage et sans patrie, d'après l'acception que nous attachons à ce mot. On voit encore que toutes celles dont le territoire entier appartient à un seul chef, n'ont acquis qu'une demi-civilisation et n'ont pour ainsi dire qu'une demi-patrie qu'elles ne défendent aussi qu'à demi.

C'est que la véritable patrie, c'est la portion du sol que nous avons arrosée de nos sueurs et qui nous appartient à perpétuité.

Il ne faut pas se le dissimuler, il n'y a plus guère que les propriétaires qui aient une patrie; tout le reste est cosmopolite ou nomade.

Puisqu'il en est ainsi, puisque la propriété est un moyen de civilisation si sûr et si puissant, il faut, comme nous l'avons dit, s'ingénier à créer le plus de propriétaires possible, sans dépouiller les anciens. Il suffirait pour le moment de réparer le fatal oubli du *jus Romanum* à l'égard des œuvres du génie, oubli peu dangereux alors, mais qui devient un vrai déni de justice, depuis que l'industrie et le commerce sont devenus la grande affaire du monde.

Le peu d'industrie et de commerce qui existait chez les Grecs et les Romains n'étant que le lot des ilotes, des esclaves et des affranchis, avait à peine attiré l'attention des législateurs patriciens qui n'avaient d'ailleurs pas plus de scrupule à se montrer injustes envers la plèbe, que nos législateurs terriens n'en ont à se montrer ingrats envers les inventeurs.

Or, cette plèbe n'est rien moins aujourd'hui que le *peuple souverain;* le *profanum vulgus* d'autrefois n'est rien moins que la bourgeoisie de nos jours, et c'est par l'industrie et le commerce qu'elle a gagné ses éperons, malgré les entraves de toute espèce dont le travail a toujours été plus ou moins garrotté par les hommes d'armes.

Quelle doit donc être la préoccupation principale des représentants de cette bourgeoisie nombreuse et forte, de ce corps électoral tout puissant pour le moment? Nous allons le leur indiquer d'une façon tellement claire, qu'ils nous comprendront sans effort.

Il suffit d'une loi de quelques lignes, d'une loi qui décrète *que les œuvres de l'intelligence sont une propriété, comme une autre.*

Ils ne doivent pas plus craindre de se compromettre en cela, qu'une assemblée qui décréterait l'existence du soleil ou celle de l'Être suprême; car il est évident, pour tout le monde, que l'invention est une propriété plus réelle, plus juste même que celle de l'héritage; car enfin, vous ne l'avez pas créé votre héritage, et l'inventeur a fait sa découverte; si vous n'aviez ni votre champ ni votre forêt, un autre les aurait, vous n'êtes pas le maître d'en priver la société; tandis que l'inventeur peut vous priver de sa découverte!

Quoi donc peut encore vous retenir? Quel scrupule enfantin peut vous faire apercevoir le moindre abus, à travers la masse d'avantages qui doivent découler de cette reconnaissance pleine et entière de la propriété des œuvres du génie?

Songez donc que vous émanciperiez tout d'un coup la pensée, que vous imprimeriez à l'esprit de recherche un élan d'une incalculable portée, et que vous doteriez d'un riche et inépuisable patrimoine la partie la plus intelligente de la société, la classe la plus méritante, la plus importante, la classe des inventeurs enfin, qui vous ont fait ce que vous êtes, qui vous ont donné tout ce que vous possédez de bon, de beau, d'agréable et d'utile!

N'oubliez pas que, sans les inventeurs, vous ne seriez que des sauvages, sans vêtements, sans logements et sans meubles! n'oubliez pas que l'inventeur est le premier homme du monde, le contre-maître du grand architecte, le majordome de la divinité; que tout ce qui existe en deçà de la nature brute est l'œuvre des inventeurs, que tous les demi-dieux, les héros et les grands hommes qui ont doté le monde de ses lois, de ses sciences et de ses arts, étaient des inventeurs. Cadmus, Oatès, Triptolème, Zoroastre, Confucius, Moïse, étaient des inventeurs! et c'est cette classe de *semidei* que vous traitez en parias, c'est à ces bienfaiteurs de l'humanité à qui vous refusez la propriété de leurs œuvres! Mais pensez donc que les inventeurs sont les plus grands d'entre nous, par conséquent les plus dignes de notre intérêt, de notre protection et de notre reconnaissance!

Songez donc enfin que *le monde est dévolu au travail, seule source légitime de la considération des honneurs et de la richesse!*

A qui recourez-vous dans vos détresses nationales, si ce n'est aux inventeurs? Quand votre patrie, à vous propriétaires, est menacée, qui vous fait du salpêtre, de la poudre et des canons pour la défendre, si ce ne sont les hommes de génie que vous traitez si mal?

Hâtez-vous donc de décréter, pendant que vous tenez le sceptre, que l'invention est une propriété; soyez sans inquiétude après cela; car vous aurez affermi pour toujours votre pouvoir, en posant ainsi la première pierre de l'organisation du travail.

Qu'est-ce que cela peut faire, direz-vous, de décréter que l'invention soit une propriété perpétuelle ou temporaire? Est-ce que cela donnera plus de pain à nos ouvriers? Est-ce que le résultat ne sera pas, à peu de chose près, le même qu'aujourd'hui? — Écoutez et vous ferez vous-même la réponse.

Admettez-vous que presque tous les inventeurs sont pauvres et hors d'état de faire eux-mêmes les fonds nécessaires à l'exploitation de leur découverte, sur une échelle un peu respectable?

Vous ne sauriez en douter, l'inventeur est presque toujours un homme sans fortune, qui n'a souvent pas d'autre outil que sa pensée, dont il se sert comme le manœuvre se sert de ses membres, pour gagner son pain quotidien et pour tâcher de se créer avec le temps un patrimoine transmissible à ses enfants.

Ceci est incontestable. Ce ne sont pas les gens riches qui inventent; ils n'ont pas plus besoin de se creuser la tête que de se fatiguer les bras.

Admettons qu'il vous plaise de traiter un jour le manœuvre intellectuel à l'égal du manœuvre matériel, en leur donnant pour 3, 10 ou 15 ans, à l'un, une portion des bruyères de l'intelligence, et à l'autre, une portion des bruyères communales. Il est évident qu'ils ne sauront les mettre en valeur sans capitaux, et comme ils n'ont rien que leur bruyère, ils offriront au capitaliste la moitié, le tiers ou le quart de ses produits futurs. Mais il est évident aussi que le capitaliste les repoussera bien loin, dès qu'ils ne lui montreront qu'un titre de propriété de 5, de 10 ou de 15 ans.

Il n'en serait pas de même si le titre était plus long ou perpétuel, parce que le capitaliste se dirait : Si je fais la dépense de planter des sapins sur cette lande, j'ai l'espoir de pouvoir les couper quand ils seront grands; si j'immobilise des capitaux dans l'établissement de cette fabrication nouvelle, j'aurai le temps de faire connaître et goûter ses produits et de me créer une clientèle qui s'augmentera d'année en année. Je puis donc avancer des fonds dans une affaire qui peut me constituer un revenu aussi certain, que celui que peut m'offrir toute autre nature de propriété légale.

Ce raisonnement est juste, direz-vous; mais enfin, nous ne voyons là qu'un inventeur de plus, qui gagne sa vie à l'aide des écus d'un capitaliste.

Mais ne voyez-vous pas qu'il faut des cultivateurs pour changer la bruyère en fertile oasis, et des ouvriers pour la fabrique en question? Ne voyez-vous pas cette foule d'employés, de teneurs de livres, de caissiers, de voyageurs, de détaillants, de voituriers, qui trouvent une existence assurée autour de ce nouveau *monopolium* qui n'existait pas et qui, par conséquent, n'a rien pris à personne?

Voilà cependant le résultat d'une pensée et d'une friche, qui seraient demeurées stériles, si vous vous étiez obstiné à leur refuser le baptême de la propriété.

Vous accordez aujourd'hui 300 brevets temporaires, étriqués, bridés et emmaillottés de manière à leur couper la respiration; on peut les considérer comme morts-nés, quand vous les entourez de restrictions, en leur délivrant leur acte de naissance. Aussi la mortalité s'élève-t-elle à plus de 95 p. c. dans notre pays,

mais vous vous excusez de ce carnage à la manière des infanticides, en préten-
dant que tous ces embryons n'étaient pas nés viables!

C'est une erreur, et, si vous voulez vous en convaincre, donnez-leur un peu
d'air, desserrez les bandelettes, laissez-les respirer librement et s'ébattre, et vous
les verrez croître et embellir chaque jour sous les soins caressants de leur père
ou de leur tuteur. Mais à quoi bon ces soins pour un enfant condamné à mourir
fatalement à l'âge de cinq ou de dix ans, ou qui, s'il arrive à quinze ans, sera
pour jamais enlevé à son père, par la conscription, au moment même où ce fils
bien-aimé pouvait commencer à l'indemniser des soins coûteux prodigués à
son enfance!

Oui, nous en avons la conviction, ce ne seraient pas 300 mais bientôt 3,000
naissances que l'on viendrait déclarer à votre état civil des enfants du génie,
si vous consentiez à leur délivrer un brevet d'immortalité avec la faculté de
pouvoir mourir néanmoins quand il leur plairait, c'est-à-dire quand ils deviendraient trop vieux pour lutter contre leurs jeunes successeurs.

Mais à quoi nous mènerait cette multiplication infinie d'usines nouvelles, de
produits nouveaux, quand nous en sommes déjà encombrés, quand nous ne
trouvons plus de débouchés pour les anciens?

Ce n'est pas le tout de produire, il faut vendre! — Soyez tranquilles, nous
vous apaiserons votre curiosité, nous lèverons tous vos doutes, nous satisfe-
rons à toutes vos exigences, tout aussi complétement que nous sommes persuadé de l'avoir fait jusqu'ici. Car tel est le caractère d'un bon principe, d'une
idée juste, que toutes les conséquences viennent admirablement se cristalliser
autour d'eux, par l'effet d'une force mystérieuse, inconnue, qu'on peut appeler
le secret de la création.

Nous avons démontré qu'en accordant la pérennité facultative aux patentes
progressives de la nouvelle propriété dont nous sollicitons la reconnaissance,
on exciterait tous les gens de génie à se livrer avec ardeur à l'exploitation de la
mine féconde des inventions, que le vulgaire croit épuisée, mais dont on n'a
fait encore qu'égratigner les affleurements.

Nous serions tenté de faire le même calcul, pour démontrer *l'inépuisabilité*
des inventions, que les ingénieurs anglais ont dû faire sur le charbon, pour ras-
surer le vulgaire qui tremblait déjà de peur et de froid à l'idée, qu'au train dont
on paraissait gaspiller la houille, on allait bientôt trouver la fin des couches de
cet important combustible. Il n'a fallu qu'un simple cubage de la masse connue
pour aller jusqu'à 2,000 ans ; mais on en a découvert depuis un bassin encore
plus riche, et l'on en trouvera probablement d'autant plus que l'on en cherchera
davantage.

Car il suffit de jeter un coup d'œil sur la carte, pour voir que les pays où l'on a le plus cherché de mines, sont aussi ceux où l'on en a le plus trouvé.

Voici, à peu près, leur ordre de richesse charbonnière : Angleterre, Belgique, États-Unis, France, Chine, Allemagne, Espagne, Russie, puis la Turquie, l'Égypte et les Indes, où l'on en trouvera quand on en cherchera ; car le Seigneur n'a pas d'injuste préférence, et ce n'est pas en vain, ni pour nous tromper qu'il a dit : « Cherchez et vous trouverez. *Quærite et invenies.* »

Et puis, chrétiens de peu de foi, croyez-vous que Dieu ait fait à l'homme sa provision de combustible pour le laisser mourir de froid, après qu'elle sera épuisée? Mais bien avant que la houille ne vous manque, la science aura trouvé d'autres combustibles, ou le moyen de s'en passer.

La mine des inventions est beaucoup plus riche encore que les mines de charbon, et l'individu le plus pauvre peut se mettre à leur recherche sans outil ; cependant, quand il fait une découverte, il lui faut aussi de l'argent pour l'exploiter. On a donné la concession perpétuelle à l'inventeur de la mine, afin qu'il pût trouver les capitaux nécessaires pour la mettre en valeur ; pourquoi donc refuser la même faveur à l'auteur de toute autre découverte?

Plus on y pense, plus cette anomalie semble inexplicable et inexcusable ; car toutes les circonstances sont identiques, pour la mise en valeur d'une mine ou d'une invention nouvelle.

Si vous n'accordiez au mineur qu'une concession de 15 ans, personne n'oserait en entreprendre l'exploitation ; et vous vous étonnez que vos brevetés de 5 ans n'exploitent pas? Et vous dites : c'est que leur invention ne vaut rien.

Mais votre étonnement est ce qui nous étonne le plus. Nous disons, nous, que c'est votre loi qui ne vaut rien et qu'il est urgent de la faire entrer dans le cadre de notre législation sur la propriété, ne fût-ce qu'en la mettant d'accord avec la loi sur les mines, y compris la redevance annuelle et progressive.

Les sommes que rapporterait cet impôt volontaire seraient considérables, car nous sommes persuadé qu'il existe en ce moment dans les cartons et dans la tête des inventeurs, plus de découvertes et de perfectionnements qu'il n'en faudrait pour améliorer de 50 p. c. l'état de l'industrie actuelle ; et si ces améliorations ne sont pas appliquées, la faute en est tout entière à la pitoyable loi des brevets, conçue par un enfant de la liberté, au sortir du berceau de la révolution française.

Cette indifférence des inventeurs pour la mise en œuvre de leurs découvertes, s'explique parfaitement bien : elle est la conséquence immédiate du manque de garantie.

A quoi servirait-il à un Turc, à un Persan, à un Arabe d'inventer quelque chose, quand il n'est pas même abrité pour cinq ans, comme nous, contre le vol et la contrefaçon? Voilà pourquoi la civilisation, produit de l'invention, fait si peu de progrès dans tous les pays où il n'existe pas de lois protectrices des œuvres du génie; mais puisque dans les pays où on les protége depuis le plus de temps, la civilisation a fait le plus de progrès, il est bien naturel de croire que celui qui les protégera le mieux et pour le plus long temps, prendra le pas sur tous les autres et les rendra bientôt tributaires et vassaux.

Nous ne saurions attribuer la prééminence industrielle de l'Angleterre qu'à la priorité de sa loi sur les patentes, qui a précédé de 167 ans celles de toutes les autres nations; aussi vit-on, pendant toute cette époque, les inventeurs de la France, de la Belgique et de l'Allemagne passer en Angleterre, et lui porter la machine à tricoter, l'art d'emboutir la tôle, le balancier à monnaie, la fabrication des étoffes, etc., etc.

Ceci doit suffire pour démontrer que le pays qui aurait la sagesse de précéder tous les autres dans la voie beaucoup plus large que nous indiquons, attirerait dans son sein les inventeurs et les capitaux de tous les coins du monde; car il est naturel d'aller planter sa tente aux lieux qui offrent le plus de protection, le plus de garantie et d'avenir à la propriété. Cette considération nous paraît aussi fondée que la certitude de voir les capitaux étrangers se porter vers les lieux où on leur accorde l'intérêt le plus élevé et le mieux garanti.

Arrivons maintenant à la grande objection : Ce n'est pas le tout de produire, il faut vendre, il faut trouver des débouchés à vos produits et il n'y en a plus de débouchés, puisque tous nos magasins sont remplis!

— Ah! il n'y a plus de débouchés! Supposons un instant qu'il n'y en ait plus pour les produits actuels (supposition qui n'a pas le sens commun, puisque la moitié du monde manque encore de tout), vous conviendrez qu'il y en aurait, au moins, pour les produits d'une espèce toute nouvelle, comme il y en a toujours pour les objets de mode, bien qu'on soit richement pourvu des anciens?

Ne voyez-vous pas que toutes les étoffes nouvelles font fureur, comme on dit, dans les classes élevées? ne voyez-vous pas qu'une lampe nouvelle, qu'une cafetière nouvelle, qu'un meuble nouveau trouvent des acheteurs parmi les gens même qui en ont d'anciens à revendre, et qui les revendent en effet à ceux qui n'en avaient pas?

Il est bien vrai, direz-vous, que les choses se passent ainsi et que cela peut enrichir une fabrique nouvelle avec tous ses ouvriers; mais enfin, quand tout le monde qui vous entoure sera servi, que faire? — Que faire? c'est fort simple : il n'y aura qu'à recommencer, et ainsi de suite, avec des produits nouveaux ou perfectionnés. — Mais cela n'augmentera pas la somme de la richesse actuelle, cela ne fera qu'appauvrir les riches.— Nous vous concédons encore cette erreur à notre détriment; mais les riches fourniront par là, des moyens d'existence à vos ouvriers, à qui ils préféreront toujours donner un salaire que l'aumône.

C'est ainsi que, par le travail plutôt que par la violence, vous arriverez à une répartition plus égale de la richesse.

Il est un fait incontestable, c'est qu'il y a de quoi vivre pour tout le monde, à condition que tout le monde travaille. Mais, pour travailler, il faut être payé, et, pour être payé, il faut produire des choses utiles, attrayantes et surtout nouvelles pour les riches; il faut les obliger à se dessaisir volontairement du superflu de leurs fortunes, mais ce n'est point par la menace et la violence que vous y parviendrez jamais : au contraire, leur bourse se resserrera toujours à proportion de la peur que vous tenterez de leur inspirer.

Voilà pour le commerce intérieur. Mais n'avez-vous pas le monde ouvert devant vous? Qu'importe la barrière des douanes pour des produits toujours nouveaux, toujours renaissants, toujours à meilleur marché, que les hommes de génie vous inventeront tous les jours, comme les marchandes de modes de Paris vous inventent des chapeaux, des robes et des fichus nouveaux? Croyez-vous que les douanes les empêchent d'arriver à St-Pétersbourg, à Vienne, à Londres, à Calcutta, à New-York et à Rio?

Croyez-vous que les princesses, les duchesses, les comtesses et les baronnes de tous les pays du monde s'informent du prix de revient, du prix coûtant et du prix de transport des modes de Paris? Eh bien! il en sera de même pour toutes les inventions brevetées; travailler pour les riches, ce sera travailler pour les pauvres, qui profiteront de leur *mis bas*.

Après avoir écumé, comme on dit, les grandes bourses, vous userez vos cylindres pour les petites, et vous y trouverez encore votre compte!

Voilà quelle doit être l'économie industrielle de l'avenir et la marche naturelle de la production. Ce sont les modistes qui vous l'ont enseignée; les spéculateurs les plus heureux de notre époque sont aussi ceux qui la pratiquent dans l'esprit des modistes.

Nous désirons qu'on ne confonde pas notre industrie à nous, l'industrie honnête, patentée, avec l'industrie prostituée de la libre concurrence; il n'y a plus d'espoir pour celle-là, elle doit être broyée dans les engrenages de l'antagonisme effréné qui la dévore; c'est sur ses débris fumants, avons-nous déjà dit, que nous prétendons élever le trône de la nouvelle organisation du travail, comme une monarchie régulière s'élève sur les ruines de l'anarchie révolutionnaire.

Le besoin d'organiser le grand atelier social, afin d'éviter les pertes de forces et de temps qu'on y remarque, a donné naissance à une infinité de théories d'une application trop difficile, à raison des matériaux réfractaires sur lesquels on se trouve nécessairement forcé d'opérer.

Le jardinier qui, pour obtenir de bons fruits, est obligé de débarrasser le terrain de ses vieux troncs, avant d'y jeter sa nouvelle semence, a beaucoup plus de peine que celui qui se borne à enter un bon germe sur les sauvageons qui existent déjà.

Cette comparaison fera comprendre que nous nous proposons seulement d'implanter notre nouvelle organisation par simple inoculation.

Qu'on se garde bien de prendre ce que nous voulons faire pour un projet *d'organisation sociale;* nous ne sommes ni assez sage, ni assez fou pour entreprendre une tâche, que nous regardons comme impossible, depuis que l'expérience nous a montré les difficultés insurmontables que l'on rencontre à vouloir réformer, même un seul individu vicieux; mais il y a toujours moyen de mettre de l'ordre dans un atelier sans règlements et sans chef, où tous les ouvriers, abandonnés à leur libre arbitre, ne s'occupent que de la besogne qui leur plaît.

On conçoit qu'il doit y avoir là beaucoup de forces perdues, beaucoup de pièces en trop, beaucoup d'autres en moins, et surtout beaucoup de *doubles emplois* qui constituent une perte incalculable pour tout atelier, quel qu'il soit, général ou particulier.

*Les doubles emplois* sont en effet la grande plaie de la libre concurrence. Tout le monde se met à fabriquer le même produit, souvent sans le savoir; de là, pléthores et crises commerciales périodiques, déconfitures, faillites et banqueroutes sur banqueroutes.

Qu'importe, disent nos amateurs intrépides du *laissez faire* et *laissez passer;* qu'importe la ruine d'un individu, d'une maison, d'une famille, si l'atelier ne périt pas? Autant vaut dire : qu'importe le million de soldats égorgés, brûlés et gelés à la campagne de Moscou, si la France ne périt pas!

Qu'importe la peste, la fièvre jaune et le choléra, si l'humanité ne périt pas!

Eh bien, la libre concurrence ou les *doubles emplois*, c'est la guerre, la peste, le choléra de l'industrie et du commerce; ne serait-ce donc rien que de pouvoir s'en garantir, même par des cordons sanitaires?

Nous vous avons déjà proposé pour cela un remède tout simple, tout naturel, tout anodin, une recette unique qui pourrait se voter en cinq minutes, la voici :

### LA PROPRIÉTÉ DES ŒUVRES DU GÉNIE EST ASSIMILÉE A LA PROPRIÉTÉ FONCIÈRE.

Il ne faudrait pas qu'une chambre eût une intelligence bien extraordinaire pour approuver cette ordonnance, qui, si elle ne guérissait pas, ne saurait du moins faire aucun mal.

Mais elle guérirait infailliblement du mal affreux du *double emploi;* car toute personne brevetée ayant seule le droit *de fabriquer et de vendre, de faire fabriquer et de faire vendre*, dans le royaume, les produits de son invention, il est évident qu'elle ne serait pas exposée comme aujourd'hui à rencontrer des produits similaires, plus ou moins frelatés, sur tous les marchés où les siens se présentent.

Ah! si l'industrie était délicate, si les concurrents étaient consciencieux, si la lutte ne s'engageait que sur la perfection des produits et la modération des prix, le mal ne serait pas grand; mais quand nous avons tous les jours la preuve que le champ de bataille n'est placé que sur le terrain de la fraude, de la falsification, de l'adultération et du maquignonnage, comment voulez-vous qu'un honnête commerçant s'expose, la poitrine découverte, contre ces chevaliers d'industrie, bardés de dol et de ruse, qui ont envahi le champ de toutes les foires?

Nous le disons avec peine, tout fabricant consciencieux, tout marchand probe et franc qui ne connaît pas l'art de *travailler la marchandise*, de vendre à faux poids et à fausse mesure, est un homme ruiné; il lui est impossible de soutenir la lutte, il faut tôt ou tard qu'il abandonne la place aux bédouins du commerce.

Qu'on ne croie pas que nous exagérons le mal; il est peut-être encore plus grave que nous ne le savons; hier encore, un des principaux droguistes de Bruxelles nous disait, qu'il lui était impossible de rivaliser avec des gens qui vendaient les mêmes produits que lui, à trente pour cent au-dessous du prix qu'il les payait à la source, et qu'en conséquence il se voyait forcé de renoncer à son commerce.

Il était facile à prévoir cependant, que la liberté illimitée du commerce et de l'industrie devait amener les mêmes résultats que la liberté populaire. Ouvrez les prisons et les bagnes, supprimez les tribunaux, les gendarmes et les bourreaux, et vous aurez un spécimen visible de ce qui se passe dans le domaine de l'industrie et du commerce libres et accessibles à tous les fripons, à tous les escrocs, à tous les bandits du monde, pour lesquels les pays constitutionnels sont la véritable terre de promission.

Nous avons des lois et des tribunaux, direz-vous, pour réprimer le dol et la fraude! Les fripons le savent bien; aussi connaissent-ils les lacunes du code et savent-ils en profiter. Les succès nombreux qu'ils obtiennent contre les gens de bonne foi, leur ont appris que pour gagner un procès, la forme est tout et le fond, moins que rien.

Il en est des lois comme des passeports, ceux des criminels sont toujours mieux en règle que ceux des honnêtes gens, et ce sont ces derniers qu'on arrête et que l'on condamne le plus souvent pour défaut de forme.

*Dat veniam corvis, vexat censura columbas.*

Le Palais de Justice est le château de plaisance des corbeaux de l'industrie et du commerce; c'est pour cela que les colombes en ont si peur qu'elles consentent plutôt à se laisser arracher leurs meilleures plumes que d'aller les défendre devant une déesse, qui a du reste la bonté de les prévenir qu'elle porte un bandeau sur les yeux; afin sans doute qu'on ne l'accuse pas de distinguer le fripon de l'honnête homme, le juste de l'injuste, le vrai du faux.

En présence d'un aussi singulier état de choses, doit-on s'étonner d'entendre des voix généreuses s'élever de toute part pour réclamer une organisation du travail quelconque, qui serait toujours préférable à l'anarchie, comme le plus méchant dictateur est préférable à la licence populaire.

Nous ne voulons point de monopole, s'écrient surtout les gens qui ne savent pas au juste ce que c'est qu'un monopole. Les sans-culottes disaient aussi : Nous

ne voulons plus ni rois, ni lois qui puissent nous empêcher de danser nos car-
magnoles et nos farandoles sanguinaires!

Mais, ô peuple souverain! nous ne voulons te rendre ni la maltote, ni la
dîme, ni le *maximum*, ni les maîtrises; nous voulons uniquement te créer du
travail et assurer ta position, en consolidant celle de tes maîtres; nous voulons
te donner à cultiver une part des paquis communaux ravagés aujourd'hui par
les animaux de toute espèce!

Jeunes gens, au cœur honnête, à l'esprit bouillant, qui ne demandez qu'à
vivre en travaillant, nous venons vous offrir les instruments qui vous man-
quent; faites opérer votre pensée, imaginez, créez, perfectionnez tout ce qui
vous passe sous les yeux ou sous la main; car rien n'est tellement parfait qu'il
n'y reste quelque chose à corriger, soit sous le rapport du fond, soit sous le
rapport de la forme.

Les combinaisons des éléments physiques, chimiques et mécaniques sont
inépuisables. Non-seulement tout n'est pas inventé, comme se l'imaginent
les cerveaux stériles; mais nous sommes bien plus près du commencement
que de la fin, c'est-à-dire qu'il nous reste infiniment plus de chemin à parcourir
que nous n'en avons parcouru jusqu'ici. L'industrie est un nouveau monde qui
peut nourrir encore d'innombrables colons, mais il a besoin d'être séparé en
provinces et en empires, pour produire tout ce qu'il peut produire : aidez-nous
à le soustraire au régime des jachères, joignez-vous à nous pour en refouler les
peaux-rouges, les têtes-plates et les chérokées qui le désolent; et que les conqué-
rants soient mis en possession légale de tout le terrain qu'ils auront deblayé!

*Primo occupanti terra pertinet.* La terre appartient au premier occupant;
n'est-il pas aussi juste que les inventions appartiennent à ceux qui les ont faites?

Vous découvrez une île déserte, elle est à vous; vous trouvez une mine, elle
vous appartient; vous pêchez une perle, nul ne vous la réclame; vous faites une
statue, personne ne vous la dispute, vous en restez le maître à perpétuité; mais
si vous inventez une machine, si vous trouvez une couleur, si vous découvrez
un procédé utile, une méthode abréviative, un secret de quelque importance,
dans les sciences, les arts et l'industrie, on vous les conteste tant qu'il est possible,
ou bien l'on ne vous accorde, à prix d'argent, qu'une propriété temporaire,
scabreuse et souvent illusoire! Est-il une plus flagrante injustice?

Aussi toute injustice porte-t-elle de mauvais fruits, et nous ne doutons pas
que celle-ci ne soit la principale cause du désordre au milieu duquel la société

se débat, dans des convulsions qui ressemblent beaucoup aux mouvements tétaniques d'un mourant.

Ministres, législateurs, journalistes, économistes, et vous tous, pieux médecins humanitaires, cherchez sans cesse le remède à cette horrible fièvre de concurrence illimitée qui nous brûle et nous dévore ; hâtez-vous d'analyser et d'appliquer la panacée si simple que nous vous proposons :

*La propriété des œuvres du génie est assimilée à la propriété foncière.*

Ce n'est, nous vous le répétons sans cesse, que dans cette magique ordonnance que vous trouverez cette hygiène du travail social, si désirable et si désirée.

Nous avons dit que la libre concurrence avait transformé le champ de l'industrie en un champ de bataille où la victoire était assurée à la mauvaise foi.

On aurait pu prévoir cela aussi sûrement que l'on prédit la succession des saisons ; car c'était tout aussi probable que de voir les filous s'introduire dans une société de joueurs honorables qui ouvrirait ses portes à tout venant.

C'est ainsi que la Bourse, fondée pour la facilité des transactions du commerce loyal, s'est bientôt trouvée envahie par les maraudeurs, qui finiront par en chasser le dernier des négociants honnêtes, qui n'osent déjà plus guères y paraître en personne.

Enfin, la liberté *en tout et pour tous* a toujours eu et aura toujours pour résultat de conduire à la licence.

Eh bien ! notre système aurait pour premier effet, non-seulement d'arrêter cette licence, mais de la rendre impossible en introduisant l'élément de la responsabilité morale personnelle dans toutes les transactions commerciales.

Comme il n'y aurait qu'un individu, qu'une maison, ou que les délégués du breveté qui auraient le droit de fabriquer et de vendre les objets patentés, on pourrait toujours remonter à la source et découvrir le coupable d'une fraude. Bien entendu que l'on rétablirait l'excellente institution des *estampilles* et des *marques* appliquées à tous les objets sortis de la fabrique du patenté, comme elle existe encore ailleurs, autant par mesure de publicité que par mesure de police et de garantie pour le consommateur.

Que se passe-t-il chez nous, par rapport à la marque ? Ne l'avons-nous pas vue disparaître, petit à petit, ou contrefaite impunément, avec les produits qu'elle recouvre ? Les contrefacteurs, poursuivis, n'ont-ils pas presque toujours ébranlé le dernier reste de confiance des juges, dans les derniers débris des vieux us, en invoquant effrontément la liberté pleine et entière du commerce et de l'industrie que la grande révolution leur a faite, et la caducité de tous les anciens règlements?

Nous ne voulons pas d'autre preuve du gain de cause obtenu par les contrefacteurs, que l'étalage de nos boutiques, tout émaillées de fausses marques, de faux timbres, de fausses griffes, de faux paraphes, de fausses enveloppes et même de fausses signatures.

Croyez-vous encore à l'étiquette de *Jean-Marie Farina*, à la *véritable eau de Cologne* dont le dernier petit Hébreu possède la bonne recette? Croyez alors aux grains de santé, aux pilules de Morisson, et à la pommade de *Dupuytren*;

Croyez au rob de *Laffecteur*, aux drogues du docteur *Ch. Albert*, à l'eau des Carmes et à l'eau de Jouvence!

Le fait est, que la crédulité des masses semble inépuisable comme leur bourse, et sert admirablement le charlatanisme; c'est elle qui le nourrit, l'habille et le fait rouler en voiture; tandis que l'industriel consciencieux est éclaboussé, renversé, écrasé, par ces audacieux ardélions d'industrie qui ne savent que trop bien profiter de l'anarchie du *laissez faire* et du *laissez passer*.

Comme tout cela rentrerait bientôt dans le néant, si l'industrie redevenait une vérité et le commerce une profession sincère!

Voulez-vous connaître le seul spécimen de l'unique industrie qui soit restée une vérité, et que nous vous donnons comme type de ce que deviendraient toutes les autres par l'adoption de notre système?

C'est une fabrication patentée à perpétuité, comme nous voulons qu'elles le soient toutes. Les produits de cette fabrique portent l'estampille indélébile du fabricant qui, ne pouvant suffire à tous les besoins, a concédé des licences et permis de travailler sur plusieurs points du royaume, comme cela aurait lieu dans notre système pour toutes les industries qui pourraient l'exiger.

La fabrique en question ne rencontre aucun concurrent sur aucun marché, parce qu'elle se contente d'un très-léger bénéfice sur chaque pièce, et que ses moyens de fabrication sont montés sur une très-grande échelle, comme toutes les industries le seraient sous l'empire de l'organisation que nous proposons.

Aucune crise, aucune déconfiture ne vient troubler l'usine en question. Tous les directeurs, inspecteurs, contrôleurs, employés et ouvriers qu'elle occupe, sont assurés de leur position; aussi sont-ils généralement fidèles, appliqués et dévoués à leur affaire, comme le seraient les employés de toutes les industries brevetées à perpétuité sous le régime du travail organisé dont nous pensons avoir trouvé le véritable *criterium*.

La concurrence, à égalité de valeur, n'offrant aucun bénéfice, il n'y aurait que l'altération de la matière ou le faux poids qui pût porter dommage à la fabrique-spécimen dont il s'agit ; mais elle n'a presque rien à redouter de ce côté, attendu la garantie de certain article du code pénal, ainsi conçu : LA LOI PUNIT DE MORT LE CONTREFACTEUR.

C'est un peu brutal ; mais cela porte d'assez bons fruits, pour que personne ne s'avise de demander l'abolition de cet article.

Nous ne voulons point de mort, dans notre organisation ; les pénalités ordinaires nous semblent suffisantes pour la garantie de toutes les propriétés nouvelles dont nous prétendons enrichir la société.

Vous êtes bien impatients, sans doute, de connaître ce merveilleux exemple, que nous vous donnons comme le modèle des fabriques de l'avenir ? eh bien : c'est LA MONNAIE.

C'est la *fabrique de pièces de 5 fr.*, marquées de la royale estampille ; qui fait de très-légers bénéfices ; qui ne craint pas la concurrence ; qui jouit d'une patente perpétuelle exclusive ; qui délivre des licences autant qu'il en faut pour répondre aux besoins de la consommation ; qui n'éprouve jamais d'encombrement, jamais de crises, et dont les employés sont assurés de leur pain quotidien.

Voilà le véritable type de l'industrie, organisée comme nous l'entendons, et comme il est facile de nous la procurer, en accordant la pérennité à la propriété intellectuelle, matérialisée et convertie en valeur échangeable.

On ne saurait faire à tout ceci une seule objection valable, si ce n'est un doute sur sa prompte efficacité, doute que nous allons lever.

Quand même on commencerait dès demain, direz-vous, à donner la pérennité aux brevets d'invention nouveaux, toutes les industries actuelles n'en resteraient pas moins en proie au désordre que vous signalez, et ces industries si nombreuses n'en seraient pas moins indéfiniment livrées à l'anarchie de la libre concurrence ; de sorte que le bien sur lequel vous comptez, serait insensible pendant des siècles encore, à moins de recourir à des mesures de rétroaction toujours funestes ? — Nous avons dit que nous ne voulions rien déranger de ce qui est, et nous allons vous faire voir qu'il ne faudrait pas dix ans, peut-être pas cinq, pas deux peut-être, pour ranger l'industrie presque tout entière sous le drapeau de la nouvelle organisation.

Apprenez donc, si vous l'ignorez, que le génie des inventeurs s'exerce à la fois sur toutes les industries, et qu'il ne se passe pas une année qu'elles ne subissent presque toutes quelque perfectionnement notable, qui peut faire l'objet d'un brevet ou d'une patente, lesquels brevets ou patentes suffiraient pour enrôler ces industries perfectionnées sous le drapeau de notre organisation. Cela se conçoit de reste.

Mais voici un exemple de l'application du principe restrictif de la concurrence illimitée qui, s'il eût été adopté depuis vingt ans, eût préservé la Belgique de la crise métallurgique qui pèse si lourdement sur elle en ce moment.

Si, au lieu de laisser la production du fer à la libre concurrence, on eût breveté le premier importateur des hauts fourneaux marchant au coak, il est évident qu'étant seul maître de son affaire, il n'eût donné à sa production que l'extension nécessaire pour satisfaire aux besoins de la demande, et ne se serait jamais trouvé en lutte ni avec lui-même, ni avec les succursales qu'il eût jugé nécessaire d'établir ; mais on eût dû patenter également la fabrication du fer à l'air chaud, puis celle du fer au gaz, puis au bois torrifié, au bois cru, à la houille crue, à l'anthracite, à la tourbe même, et comme chacun de ces inventeurs ou importateurs eût produit un fer d'une espèce et d'une qualité différentes, chacun eût joui paisiblement de son monopole particulier, l'eût augmenté ou restreint selon les circonstances, sans jamais donner lieu à aucun *double emploi*. On n'eût jamais vu s'élever en concurrence ce nombre exorbitant de hauts fourneaux, dont les produits similaires, venant à se heurter sur tous les marchés, occasionnent ces crises périodiques aussi fatales aux ouvriers qu'aux maîtres. Une seule usine à feu qui vient de manquer en Angleterre, a mis 6,000 ouvriers sur le pavé.

Notre moyen aurait à coup sûr l'avantage de mettre un terme à ce désordre. Mais tout en apportant des entraves à la lutte meurtrière entre les gros capitaux, notre système favoriserait les luttes du génie, de la science et du talent, en admettant les inventeurs, sans autre enjeu, à prendre part au grand *boston* de l'industrie dont ils sont seuls en état d'écarter la *grande* et la *petite misère ;* car il ne faut pas se dissimuler que la cause principale de la déconfiture effrayante de la majeure partie des entreprises industrielles de notre époque, provient de cette erreur des fondateurs de sociétés productrices, qu'il suffisait de réunir de grands capitaux et d'ériger de somptueuses fabriques pour obtenir de beaux dividendes. Ce n'est pas ainsi que le Créateur a procédé ; car après avoir créé le corps, il n'a pas oublié de lui donner une âme à laquelle il a laissé son *libre arbitre*. Tandis que nos créateurs d'usines n'ont pas même songé à cette âme, c'est-à-dire au choix d'un directeur instruit, actif et intéressé au succès. Quand, par hasard, on avait la main assez heureuse pour en rencontrer un, on se hâtait, au contraire, de le dépouiller de son *libre arbitre*, pour lui substituer un conseil ou une commission directrice, à l'instar de ce qui se passe dans le système constitutionnel, système qui peut bien empêcher de faire le mal, mais qui arrivera toujours trop tard pour faire le bien à propos, comme l'exige la guerre de concurrence aussi bien que la guerre de conquête. Une administration obligée de gouverner une usine de loin, est l'image du Conseil Aulique de Vienne qui commandait les armées autrichiennes, envoyées contre Napoléon et qui perdait toutes ses batailles.

N'oublions pas de redire que ces monopoles, perpétuels en droit, ne seraient en fait que temporaires; qu'une baisse de prix résulterait désormais d'une amélioration et non d'une fraude : ainsi jamais un *abaissement* ne serait un *avilissement* de prix; la guerre industrielle perdrait son caractère de brigandage et de guet-apens pour se transformer en lutte de génie et d'activité.

Ce serait le plus capable et non le plus fripon qui l'emporterait toujours.

Il n'y aurait plus moyen de vaincre par l'adultération des fabricats, mais uniquement par leur perfectionnement constant et sincère.

Mais, direz-vous encore, ce serait pourtant un monopole que de donner ainsi une invention en propriété perpétuelle à celui qui l'a faite? — Mais, votre maison à vous, qui en avez hérité, n'est-elle pas un monopole? Et, sans ce monopole, votre père l'eût-il bâtie? Eh bien, on fera beaucoup d'inventions aussi pour en avoir le monopole, et cependant on ne le conservera jamais aussi longtemps que vous conserverez votre maison, vos champs et vos forêts.

Si nous laissons le nom de monopole à la propriété des œuvres de l'intelligence, c'est que ce mot présente un grand attrait aux capitalistes; mais, au fond, notre monopole n'aurait rien de commun avec les anciens qui étaient injustes, en ce qu'ils étaient vendus, achetés et perpétuels, tandis que les nôtres seraient conquis, mérités et seulement éventuels.

Les anciens monopoles étaient de *véritables priviléges*, les nôtres seront de *véritables droits*, car un brevet d'invention n'est, comme l'a dit le savant économiste *Chitti*, ni un privilége, ni une faveur, ni une récompense : c'est un droit acquis à tout citoyen sur les productions de son génie; rien de plus, rien de moins.

Le bureau des brevets ne doit être que l'état-civil des enfants de l'intelligence, destiné à leur imprimer une date certaine; rien de plus.

L'exemple de l'organisation de la monnaie, que nous avons cité comme type de l'ordre qu'il est possible de mettre dans le chaos industriel actuel, est assez frappant pour nous épargner le reproche banal d'utopiste et de rêveur.

Qu'arriverait-il si la fabrication de la monnaie était livrée, comme toutes les autres, à la libre concurrence [1] ?

Il est évident que le signe représentatif de la valeur serait bien vite altéré, et que chacun chercherait à gagner un peu sur le poids ou sur le titre.

On couvrirait d'or pur des pièces de platine, à l'aide de la galvanoplastique, on couvrirait l'étain ou le zinc avec de l'argent, on ferait si bien, enfin, que la confiance se retirerait de toute part, que cette belle et utile industrie tomberait définitivement dans les mains du faux monnayeur le plus criminel, comme il arrivera bientôt de toutes les autres industries qui sont en marche vers leur ruine, au lieu de s'élever régulièrement sur le plan incliné du progrès dont la base est partout et le sommet nulle part.

Tout le monde convient qu'il règne un désordre inouï dans l'industrie et dans les transactions commerciales. On ne peut faire un pas sans le voir, une affaire sans l'éprouver; mais on ne fait rien pour guérir cette horrible plaie : le mal s'accroît au contraire, en vieillissant, et l'on s'est presque résigné, sur la parole des économistes, à la périodicité des crises commerciales, comme à une nécessité fâcheuse, mais fatale, inévitable.

Selon les uns, c'est une affection inhérente à la vie des nations industrielles; selon les autres, c'est un phénomène naturel comparable au flux et reflux de la mer qui, au lieu d'être journalier, est à peu près quinquennal.

Toutes ces explications et ces comparaisons n'ont ni sens ni vérité.

Les maladies ne sont que la suite d'une mauvaise hygiène, d'un mauvais régime, nous ne les croyons ni nécessaires ni indispensables; la preuve, c'est qu'on vit fort bien sans maladies, quand on possède une bonne constitution et que l'on se conduit avec prudence. Il y a des santés chroniques aussi bien que des maladies. Donnez donc une bonne constitution à l'industrie et au commerce, travaillez avec prudence, et vous verrez bientôt les crises s'éloigner et disparaître.

---

[1] Aux États-Unis, chacun est libre de battre monnaie, aussi voit-on des enseignes qui portent cette inscription: *Ici on bat monnaie, au titre que l'on désire.* Il n'y a que la contrefaçon des monnaies nationales qui soit punie par la loi; la fabrication des pièces et des papiers-monnaies de l'étranger n'est pas défendue.

Quant au flux et reflux produits par l'irrégularité de l'offre et de la demande, par le ralentissement ou l'activité capricieuse, imprimée à la production et par le dérèglement du travail libre; le remède, nous le répétons, gît encore dans l'organisation de la propriété industrielle, sur les bases que nous avons indiquées, ne fut-ce que pour éviter les *doubles emplois*.

Les crises périodiques étaient inconnues sous l'empire des corporations et des maîtrises; elles continuent à l'être dans tous les pays où il existe les moindres vestiges de l'ancienne organisation des corps de métiers.

Cette organisation, toute remplie d'abus qu'elle était, avait au moins cela de bon, qu'elle empêchait les crises, comme le représentatif, avec tous ses défauts, rend la guerre impraticable, pour ne pas dire impossible.

Toute chose qui appartient à tout le monde n'appartenant à personne, il n'est pas étonnant qu'on la laisse se détériorer : voilà pourquoi l'industrie et le commerce libres doivent finir, pour peu que cela dure, par se corrompre entièrement.

Divisez, partagez et distribuez à chacun un lot de cet immense pacage, empêchez tout le monde de fouler le clos de son voisin ; chacun cultivera le sien avec amour, et les produits en seront immenses pour la société tout entière.

Donner à chacun la propriété de ses inventions, nous dira-t-on peut-être, est chose facile, et si vous croyez qu'une mesure aussi simple suffise pour la réorganisation de l'industrie que l'on cherche depuis 25 à 30 ans, on pourrait l'essayer; mais comment organiserez-vous le commerce? par quel moyen empêcherez-vous la libre concurrence de continuer ses ravages.

Hommes de peu de foi, répondrons-nous avec le grand organisateur de la société chrétienne, ne voyez-vous pas qu'organiser l'industrie, c'est organiser le commerce? Ne voyez-vous pas que le commerce dépend de l'industrie, qu'il n'y a rien à vendre, rien à échanger tant qu'il n'y a rien de produit; et que ce n'est pas le commerce, mais particulièrement l'industrie qui falsifie, contrefait et détériore de première main, la qualité des objets que le commerce ne saurait que rarement empirer?

Par exemple : ce n'est pas le commerce qui remplit d'un encollage trompeur les mailles éloignées d'un tissu de fil ou de coton, pour en faire une toile de magnifique apparence!

Ce n'est pas le commerce qui fait le faux teint des étoffes!

Ce n'est pas le commerce qui met du plâtre dans le papier, et du coton dans la toile!

Le commerce en est réduit à gaspiller sur le faux poids et la fausse mesure, et à opérer certains mélanges; mais l'industrie est le grand coupable, et la *nécessité* de soutenir la concurrence par l'avilissement des prix, la force à recourir à toutes sortes d'expédients pour avilir ses produits, tout en leur conservant une belle apparence éphémère.

Faites disparaître cette *nécessité* et les produits de l'industrie redeviendront *sincères;* l'industriel vous donnera sa marque, son nom, son crédit, son honneur en garantie, et le commerce devra suivre forcément cet exemple; car il ne pourra plus rejeter la culpabilité sur des livranciers inconnus, puisque toute marchandise devra porter le signe de son origine, et que toute contrefaçon sera exposée à se voir poursuivie par le titulaire du brevet qui, seul, a le droit de fabriquer et de vendre ou faire vendre un produit spécial et monopolisé. Rien n'empêcherait que les matières pulvérulentes qui pourraient donner au débitant la tentation de les adultérer, ne fussent, à l'instar de certaines couleurs des fabriques impériales d'Autriche, contenues dans de petits sacs fermés et scellés du sceau de l'inventeur et du plomb de l'État, comme presque tous les objets qui nous viennent de la Chine, et qui sont renfermés dans des boîtes, hermétiquement closes, à l'aide de bandes de papiers, à la marque du fabricant; car il est à remarquer que cette institution de garantie commerciale que nous réclamons, paraît exister dans toute sa perfection chez les Chinois : tout y est estampillé et muni de la firme du fournisseur, responsable du contenu des colis qui portent son nom.

Les Anglais ont éprouvé il y a quelques années la sincérité de cette institution. Voici à quelle occasion : un chargement de thé étant arrivé de Canton à Londres, il se trouva que toutes les boîtes ne contenaient que de la paille de riz. Le vaisseau fut renvoyé en Chine; on rassembla les *Hongs* qui reconnurent chacun leur marque; mais l'on découvrit que des voleurs adroits avaient pu se glisser, à leur insu, dans le bateau qui conduisait le thé de la ville au navire et substituer, dans les mêmes caisses, des paquets de paille de riz aux paquets de thé.
Les marchands chinois qui avaient reconnu leurs boîtes, s'empressèrent néanmoins de livrer aux Anglais deux colis de thé pour un, afin de les dédommager des frais du voyage et de conserver la réputation de leurs maisons. C'est que, dans ce pays, on croit encore que *bonne renommée vaut mieux que ceinture dorée;* c'est que les marchands Hongs possèdent aussi un monopole, et que le commerce du thé n'est pas livré à la libre concurrence : sans cela, on nous ferait souvent boire des infusions de feuilles de haie, fraude qui se pratique déjà fort en grand chez nos voisins d'outre-mer, mais dont on ne peut accuser les Chinois.

Les falsifications du commerce libre commencent à prendre un tel développement dans la droguerie et les produits chimiques, qu'un des plus habiles manipulateurs de Paris, M. *Chevallier*, publie un journal, en partie consacré à dévoiler toutes ces innombrables adultérations qui menacent de faire tomber la pharmacie à néant; car un médecin ne peut presque plus compter sur l'effet des remèdes qu'il prescrit, depuis que les malades font colporter d'officine en officine les ordonnances du docteur, pour trouver le pharmacien qui les exécutera au rabais.

Il est des drogues fort rares et fort chères dont peu de pharmaciens sont pourvus; mais fort peu refusent de confectionner les prescriptions les plus excentriques, sans en posséder les moindres éléments qu'ils remplacent par des substances inertes. Aussi le malade n'en éprouve-t-il pas plus d'effet que quand on donne à un fiévreux de la salicine pour de la quinine, substances qui sont très-difficiles à distinguer, mais dont les prix sont fort dissemblables.


Partout où vous prendrez la peine de fouiller, la fraude s'est introduite, par suite de cette *admirable bévue*, appelée la liberté du commerce et de l'industrie.

Il n'y a plus ni règlement d'ordre, ni police qui gêne, ni punition qui réprime, ni moralité qui retienne, ni respect humain qui arrête; on se moque de la *clientèle ancestrale*, pourvu qu'on ait un achalandage momentané, une vogue éphémère; on ne travaille plus, comme autrefois, à fonder une bonne maison pour ses enfants, on ne sème plus, on ne récolte plus, — on maraude, on ravage, on pille; le commerce libre tourne à la rapine et au brigandage, comme la liberté sans frein tourne à l'anarchie.


La démoralisation est donc passée de l'industrie dans le commerce et s'est étendue, par l'exemple et l'on peut dire par la nécessité, sur les ouvriers *libres* et les domestiques *libres*. Quiconque emploie des manœuvres ne peut plus se reposer, comme autrefois, sur leur fidélité.

Un atelier, une maison, où l'on n'établit pas une surveillance de tous les instants, sont infailliblement livrés au pillage; chaque jour on en voit disparaître quelque objet, chaque sortie est une razzia de petits outils ou de matériaux; tout est bon, tout va bien, pourvu qu'on puisse en tirer quelques centimes auprès des recéleurs et revendeurs, qui sont presque déjà aussi nombreux que les honnêtes marchands : le plomb, le cuivre, le fer, les vis, les écrous, les clous, les clés, les serrures, tout y passe.


Un propriétaire qui fait restaurer et meubler une maison, nous racontait que ses plafonneurs, en quittant, avaient emporté toutes les clés et les serrures des portes et des meubles; que les serruriers qu'il y avait renvoyés pour les rétablir avaient emporté les rideaux, les housses et les carpettes; que les menuisiers, les tapissiers, les poêliers et les peintres avaient successivement enlevé ou dégradé les fournitures ou le travail de chacun d'eux, sans qu'il fût possible de rendre un seul des maîtres et entrepreneurs responsable de n'importe quoi, attendu qu'ils étaient plusieurs en même temps dans la maison et qu'il n'existait aucun inventaire légal des objets qui s'y trouvaient.

L'ancienne et sévère institution des livrets pour les ouvriers est d'ailleurs tombée en désuétude, par l'abolition des corps de métiers et la juridiction des prud'hommes. Un ouvrier voleur et chassé, n'a certes pas plus de peine à trouver de l'ouvrage qu'un ouvrier honnête et laborieux, depuis qu'on interdit au maître qui le renvoie de mettre sur son livret la cause pour laquelle il est renvoyé, avant d'avoir obtenu contre lui une condamnation judiciaire.

Le mot d'adieu généralement prononcé par les maîtres qui délivrent un certificat forcé, de bonne vie et mœurs, à un domestique ou à un ouvrier ivrogne, paresseux ou voleur, est celui-ci : *vas te faire pendre ailleurs!*

Or, cet individu se contente d'aller recommencer ailleurs, car un homme vicieux ne se guérit pas plus qu'un fruit frappé d'une tache de pourriture; cela ne fait au contraire que croître et embellir, comme on dit.

Mais d'ailleurs, la section des bras nus n'a-t-elle pas conquis la liberté pour tout le monde? Que nous parlez-vous d'organiser, de réglementer, de moraliser le travail! Vivent les droits de l'homme! tant tenu, tant payé! et partant quitte!

Voilà où nous en sommes arrivés avec cette liberté tant prônée par d'honnêtes utopistes de cabinet, qui n'ont jamais mis le pied dans un atelier et qui ont dîné toute leur vie au restaurant.

Nous disons *honnêtes utopistes*, parce que ces gens, mesurant tout le monde à leur mètre, prêtent leurs sentiments, leurs idées, et leur probité naïve aux classes inférieures auxquelles ils veulent donner des droits civils avant de leur donner du pain; mais quiconque a vécu de la vie industrielle et commerciale, quiconque a tenu des ouvriers, des commis, des caissiers, des domestiques, une maison, sait bien que la vie positive n'a pas plus de ressemblance avec les théories des économistes les plus célèbres, que les romans, les feuilletons et les pièces de théâtre n'en ont avec la vie pratique, ou que la céleste et sublime poésie n'en a avec la terrestre et triviale réalité.

Tout gouvernement qui demande des lois et des règlements à des citoyens de la république de **Platon**, à des législateurs qui n'ont jamais voyagé que dans les espaces imaginaires, ne saurait rien organiser de stable en fait de travail social; voilà qui est certain.

Cette œuvre immense, cette nécessité qui domine le siècle et d'où dépendent le repos et l'existence de la société, ne peut être confiée qu'à des hommes pratiques; et tant qu'ils ne seront point en majorité dans nos chambres, il n'y aura rien de fait et les choses continueront à marcher de mal en pis, jusqu'à une catastrophe, inclusivement.

Alors nous reverrons le régime du sabre, après celui des sophistes et des rhéteurs, — à moins que les industriels, les commerçants et les agriculteurs ne se décident enfin à profiter du répit actuel pour serrer leurs rangs et montrer, que non-seulement ils sont quelque chose, mais qu'ils sont presque tout, dans un pays dont l'avenir repose aux trois quarts sur l'agriculture, l'industrie et le commerce.

Quand un ingénieur a tracé le plan d'une machine sur le papier, la première chose qui doit le préoccuper, c'est de faire fonctionner mathématiquement chacune de ses pièces et de s'assurer qu'elles n'éprouveront ni rencontre, ni choc, ni gêne après l'exécution. Nous allons imiter l'ingénieur et tâcher de voir comment fonctionnera le mécanisme que nous regardons comme le régulateur du travail et le *parachoc* de la société.

Tout inventeur de quelque industrie nouvelle ou de quelque perfectionnement dans les industries anciennes, se trouvant mis, par la loi, en possession légale de sa chose, de la même façon qu'un légataire est envoyé en possession de son héritage, il en résultera qu'un nombre infini de prolétaires intelligents passeront dans la classe des propriétaires, et, par conséquent, des conservateurs. Et ne serait-ce pas d'ailleurs le mode d'affranchissement le plus rationnel et le plus juste que celui qui permettrait à l'esclave de se racheter par l'œuvre de son intelligence, aussi bien que par l'œuvre de ses bras?

On doit convenir que la cause éternelle des révolutions réside dans l'injuste distribution des *droits communs;* ainsi, l'esclave qui ne peut hériter, ni tester, ni posséder, a toujours tenté de se révolter contre les castes qui s'étaient réservé la jouissance exclusive de ces droits qui doivent être l'apanage de tous, dans toute société bien ordonnée.

Il n'est donc pas étonnant que le prolétaire, qui est l'esclave de notre époque, soit toujours disposé à la rébellion, quand il se voit fatalement confiné dans le cercle vicieux d'une législation dérisoire, qui ne fait rien pour améliorer son sort.

Les bonnes institutions font les bons peuples, a dit *Montesquieu*, mais la meilleure et la plus féconde étant l'institution de la propriété, élargissez donc tant que vous le pourrez la base de la propriété; créez un ordre nouveau d'apanages inconnus des Romains. Oubli fatal! qui a, sans doute, puissamment contribué à la ruine de ce brillant empire, et qui causera la nôtre, si nous n'y prenons garde!...

Les Pandectes, après avoir longuement réglementé les questions de fossés et de murs mitoyens, sont restées muettes sur

La propriété littéraire ;

La propriété des inventions ;

La propriété des recettes, secrets et méthodes; .

La propriété des marques et des griffes;

La propriété des clientèles;

La propriété des modèles et dessins;

Le droit de gravure pour les peintres;

Le droit des auteurs dramatiques et des musiciens;

Le droit de moulage et d'estampage pour les statuaires et les ornemanistes, etc.

Mais si les anciens étaient excusables, en ce qu'ils ne connaissaient ni l'imprimerie, ni la gravure, ni le moulage; que leur industrie et leur commerce étaient fort restreints, que leur chimie, leur physique et leur mécanique n'étaient qu'à l'état embryonnaire; nous ne le serions pas, nous, de ne pas songer à profiter de tous ces heureux éléments, pour leur appliquer le sceau fécondateur de la propriété, et, remarquez-le bien, de la propriété patentable, imposable, ou, si vous l'aimez mieux, volontairement taillable et corvéable sur une grande échelle.

Ah! si les Romains, qui ont imposé l'eau et l'air en les constituant en propriétés forcées, avaient été assez heureux pour posséder les matériaux imposables que nous avons aujourd'hui sous la main, sans doute qu'ils se fussent empressés d'opérer de force, la transfiguration que nous sollicitons aujourd'hui comme une grâce.

Mais ils étaient si loin de songer à constituer en propriété les œuvres du génie, que leurs tribunaux adjugeaient une statue au propriétaire du bloc dans lequel l'artiste l'avait taillée, avant de l'acheter.

Vous qui parlez avec tant d'emphase de votre désir de voir émanciper le travailleur, de voir arriver les capacités; écrivains démocrates et libéraux, voici une belle occasion de déployer votre verve. Si vous êtes sincères et intelligents, vous demanderez, avec nous, l'érection en empire, du domaine de l'intelligence; vous voudrez que le pauvre pionnier de la pensée, puisse arriver au bien-être, en faisant concourir tout ce que la nature lui a départi de génie, de connaissances ou de patience, à la création d'un patrimoine héréditaire; mais, pour y parvenir, il y a beaucoup d'entraves à briser encore. Aidez-nous donc, car il est mille fois plus urgent, de donner au peuple, des droits positifs, que des droits politiques. Aidez-le à devenir probe et riche, il n'aura plus besoin de vous, pour devenir fort et libre.

Nul doute que vous n'entendez point patronner également, le prolétaire paresseux, ivrogne ou idiot, et le prolétaire honnête, actif et intelligent? Eh bien, notre projet est surtout favorable à cet heureux éclectisme. D'abord, vous ne sauriez vous dispenser d'admettre, qu'il y a de la populace dans tous les pays, comme il y a de la lie dans tous les vins.—Eh bien, nous vous offrons un filtre où tout ce qu'il y a de potable se séparera de la boue dans laquelle il est mélangé depuis Adam!

Sur cent ouvriers employés dans un chantier, il y en a dix peut-être, qui perfectionneraient leurs outils, s'ils savaient que la propriété de ces perfectionnements leur appartînt; dix autres, frappés par l'aiguillon de l'émulation, ne tarderaient pas à les suivre, et il ne resterait, à proprement parler, que le *caput mortuum* de l'atelier, qui n'accomplirait aucun progrès.

Mais vous verriez bien une autre activité, parmi cette foule de jeunes gens plus ou moins instruits et sans occupations, qui se creusent la tête dans leur isolement, pour se procurer des moyens d'existence, et qui sont forcés de recourir souvent, à des procédés plus qu'indélicats, — quand ils pourraient se dire : faisons un livre, ne fût-ce qu'un almanach; faisons une invention, ne fût-ce qu'un briquet phosphorique; faisons un dessin, une chanson, une gravure, un modèle; cherchons une recette, une méthode, un secret; imaginons un outil, une mécanique, un procédé quelconque; car ils m'appartiendront, j'en aurai le monopole, et si je réussis à apporter une amélioration réelle en quoi que ce soit, mon existence, ma fortune peut-être sont assurées!

Approfondissons donc avec ardeur les arcanes des sciences physiques, chi miques, mécaniques et mathématiques, puisque c'est au fond de ces mines encore vierges, que résident la fortune et la gloire du siècle présent et probablement des siècles à venir; car il y aura, comme l'a dit le baron Thénard, des siècles industriels comme il y a eu des siècles guerriers.

Mais il faut de l'argent pour exploiter même une mine d'or, et tant de gens ont fait de si belles découvertes, qui sont morts d'inanition, sans pouvoir en tirer parti! — Eh! oui, pauvre paria, mais ne sais-tu pas que tout cela est bien changé? Jadis, il fallait beaucoup d'argent, pour acquérir la jouissance, fort courte et fort disputée de sa propre invention, et pas un capitaliste ne voulait y mettre des fonds, à cause de sa trop courte durée; mais, aujourd'hui, on trouve de l'argent tant que l'on en veut : les capitalistes poursuivent les inventeurs pour avoir la moitié et même le quart de leur propriété industrielle; ils sonnent à leur porte pour les prier de perfectionner la moindre chose à leur usine, mise en péril par quelque perfectionnement survenu dans la fabrique du voisin. — Sans les inventeurs, sans ces savants médecins de l'industrie, ma fabrique est perdue! vite une consultation d'inventeurs... la moitié de ma fortune à qui sauvera mon usine!

Voilà ce qui arrivera désormais. L'inventeur sera couru, rémunéré à l'égal de l'avocat et du médecin, et ce sera justice. Déjà les ingénieurs anglais se font payer leur temps et leurs avis; on appellera l'inventeur pour une machine estropiée, comme on appelle le vétérinaire pour un cheval malade. Le cas est identique : *tout est dans tout.*

C'est alors que l'émancipation des serfs de l'intelligence sera complète et que l'avènement des capacités, dernière fin de la civilisation, sera proche.

C'est alors que les machines arriveront à un tel état de perfection, que l'homme sera délivré de toute fatigue corporelle. C'est par l'intermédiaire des inventeurs que le Créateur se réserve d'exaucer la longue prière de l'humanité souffrante : *Domine, Domine, libera nos à malo!* Seigneur, délivrez-nous du mal!

Personne ne s'est peut-être encore avisé de relever la statistique des hommes auxquels nous devons, en ce moment, cette masse d'inventions qui nous étonnent jusqu'au scepticisme. Eh bien! c'est tout au plus s'ils sont une centaine en Europe, songez donc ce qu'il adviendrait, quand l'étude des sciences positives, en aurait créé des milliers et que la législation que nous proposons en aurait fait des millions!

La solution si simple que nous offrons, du grand problème de l'organisation du travail, surprendra beaucoup les esprits transcendants, qui la cherchaient dans nous ne savons quels rapports mystiques et incoërcibles entre le chef et l'ouvrier; dans une meilleure répartition des bénéfices entre le travail et le capital; dans une espèce d'association ou de communauté d'intérêts entre les maîtres et les travailleurs, et dans une infinité d'autres rêveries de cette philanthropie *impériale et royale*, qui fleurit partout sans porter de fruits, et que l'on n'a même jamais pu appliquer d'une façon tant soit peu satisfaisante; tandis que notre plan répond à tout; car il réalise le *suum cuique* et le *summum jus*, dans toute leur étendue.

L'ouvrier instruit, cessant d'être l'esclave du maître, devient forcément son associé dès qu'il invente quelque chose d'utile à la fabrique; il peut devenir son égal et même son supérieur s'il a plus de génie ou plus de talent que lui.

L'esclave romain ne pouvait s'affranchir qu'à l'aide d'un pécule péniblement et lentement épargné; notre ouvrier pourra s'affranchir tout d'un coup, par un trait de génie, ou par une heureuse conception. *Ésope* avait beau faire des fables spirituelles, *Térence* et *Plaute* avaient beau composer d'admirables drames, tout cela ne pouvait les sauver du moulin; l'intelligence est toujours une valeur morte, sous le régime de l'esclavage.

Il n'en serait plus ainsi dans l'ordre social nouveau; il n'y aurait plus d'autres esclaves, que ceux qui seraient incapables d'être autre chose, incapables même de sentir leur joug, — et ceux-là ne se révoltent jamais, car ils sont aussi à leur place.

Mais les *impossibilitaires* vont encore s'écrier : Si chaque individu qui invente ou perfectionne quelque chose obtient un monopole, le monde sera tout plein de monopoles! où irons-nous avec ce tas de monopoles? etc. — Mais où allez-vous à présent avec toutes ces maisons, ces champs et ces forêts qui sont aussi des monopoles? Et des monopoles que vous ne pouvez jamais faire tomber dans le domaine public, comme il ne tiendra qu'à vous d'y faire tomber nos inventions, en en faisant des meilleures?

Et puis, faut-il donc tant désirer de faire tomber une invention dans le domaine public? N'est-ce pas comme si vous y faisiez tomber un jardin, un enclos cultivés, qui se changeraient immédiatement en friche, en pacage, en pâtis communaux? Le beau bénéfice, la belle action, le beau progrès!

Antre lamentation des *conservateurs-bornes :* on produit déjà trop, et votre système pousserait à la production d'une manière incalculable!

— Nous l'avons déjà dit, tant que la moitié de l'espèce humaine sera nue, vous ne produirez pas trop de vêtements!

— Mais comment des gens qui sont tout nus et sans le sou, pourraient-ils trouver les moyens de payer leurs habits? — Ils vous les paieront dix fois, vingt fois plus cher, que le richard qui va les prendre à votre boutique; car ils vous donneront en échange, des gommes, des baumes, de l'ivoire, de l'ébène, des dattes, des bambous, des plumes d'autruches, etc. Ils vous donneront les mille et un produits de leur sol, surtout, quand vous leur porterez des haches, des pioches et des charrues, et bientôt ils vous demanderont des meubles et des objets de luxe!

C'est ainsi que vous inventerez, que vous fabriquerez des consommateurs innombrables, pour tous les produits imaginables de votre industrie, élevée même à sa plus haute puissance.

Nous venons de voir différentes provenances des îles *Sandwich,* entre autres de l'huile de certaines noix qui revient à vingt-cinq centimes le litre, en Europe; du sucre à 6 centimes, du sel blanc qui ne coûte que la peine de le ramasser, du café qui ne coûte que le soin de le cueillir, et des bois précieux qui ne coûtent que la peine de les abattre. En un mot, le monde est plein de richesses naturelles sur lesquelles il est aisé de gagner plutôt mille que cent pour cent.

Ce n'est pas le tout, direz-vous, que de savoir que des richesses existent; il faut encore aller les chercher!

Espérez-vous peut-être que les allouettes tombent toutes rôties sur votre table?

Dieu ne vous a-t-il pas dit : *quærite et invenies,* cherchez et vous trouverez?

! Or, c'est encore de notre organisation que nous attendons l'impulsion commerciale qui nous manque. C'est quand nos monopoleurs futurs auront étendu leurs filets sur l'Europe, que leur clientèle s'étendra de proche en proche sur le globe entier; car enfin, quand un produit utile, nécessaire et à un prix infiniment réduit, sera lancé dans le commerce, il n'y aura pas de frontière capable de l'arrêter, et l'exportation maritime, prendra tout naturellement un développement en rapport avec la production, quelle qu'elle soit, surtout quand on saura que le produit que l'on exporte, ne sera pas exposé à rencontrer sur les marchés étrangers, des produits similaires contrefaits, frelatés et à plus vil prix, comme c'est le cas aujourd'hui, par suite de cette abominable guerre de concurrence effrénée, que notre combinaison ferait bientôt cesser.

Ayez confiance et patience, pauvres industriels; vous avez raison de vous plaindre de ce que toutes les forces sociales se sont portées vers la production, tandis que personne ne s'est occupé de la vente; mais il se fera bientôt autant de compagnies commerciales qu'il s'est formé de sociétés industrielles. Le vent est à la colonisation comme il a été jadis aux croisades et à la conquête; les mers sont libres, la paix du monde est assurée, l'industrie est en progrès, la marine aura bientôt son tour. La Belgique colonise, la France colonise, la Prusse colonise, l'Angleterre colonise, et la Russie, dit-on, va coloniser à son tour.

L'ardeur colonisatrice est telle que déjà près de dix mille travailleurs sont inscrits, en ce moment, sur les livres de la seule compagnie de *Santo-Thomas.*

Il ne reste plus à la Conférence qu'une affaire digne de la rassembler en un dernier congrès. Ce serait d'organiser le commerce international, ce serait de procéder au cadastre du domaine commercial du monde, et de le partager entre les peuples, en attribuant à chacun d'eux une zone exclusive, à l'instar de ce qui existe pour les pêcheries. La collation de ces grandes patentes commerciales pourrait être soumise à une taxe annuelle, destinée à l'armement et à l'entretien d'une flotte neutre, chargée de la police des mers et de la protection des comptoirs de toutes les nations ralliées à cet immense *Zollverein* européen.

Qu'on ne dise pas que ce plan, pour être vaste, soit plus impraticable que celui de la pacification de l'Europe, décrétée par le grand tribunal des peuples, plan qu'il sait maintenir, en dépit des efforts tétaniques de l'anarchie expirante, que l'esprit de colonisation et d'organisation qui souffle, se chargera bientôt d'asphyxier!

Nous avons suffisamment démontré que la libre concurrence, dans les beaux-arts, les sciences et les lettres, ne peut enfanter qu'une noble et louable émulation; mais qu'en fait d'industrie et de commerce, la concurrence n'est qu'une guerre, terrible pour les combattants et désastreuse pour la société.

Nous avons démontré de même, que les anciens monopoles ou priviléges régaliens, vendus ou concédés, constituaient une des injustices les plus monstrueuses de la société féodale, en ce que ces monopoles n'étaient point un droit conquis par le mérite, mais une curée acquise à prix d'or, comme l'exploitation d'un pachalik ottoman.

L'organisation des monopoles que nous proposons, n'aurait absolument rien de comparable à l'ancien état de choses, qui pétrifia pendant si longtemps le progrès industriel.

Nos monopoles, à nous, seraient au contraire, l'institution la plus progressive qu'on puisse imaginer, et cela se comprend de prime abord.

Prenons pour exemple la fabrication des lampes. Pendant plusieurs siècles la corporation des ferblantiers, posséda le monopole absolu, de la lampe dite *lampe antique*, la plus mauvaise lampe possible; mais à laquelle il était interdit de rien changer, par les règlements. — Et ce ne fut qu'avec des peines excessives, qu'*Argant* put obtenir l'autorisation de fabriquer le bec à double courant qui porte son nom.

Il ne fallut rien moins que l'intervention directe du Roi, après que la corporation eut, à plusieurs reprises, fait briser les outils de l'inventeur, et encore protesta-t-elle, auprès du parlement, contre l'enregistrement du privilége *insolite*, *illégal*, accordé par le souverain à un individu qui n'avait pas même été reçu *maître lampiste*. Il en arriva autant, à l'opticien *Lenoir*, pour avoir osé fondre du cuivre chez lui pour ses appareils de physique.

En général, tous les fabricants français, étaient contraints de se renfermer dans le cercle étroit qu'on leur avait tracé, et ne pouvaient hasarder le moindre perfectionnement, sans enfreindre les règlements et sans s'exposer à voir leurs marchandises détruites, brisées ou confisquées.

Voilà ce qu'était l'ancien monopole; voyons ce que serait le nouveau.

Dès que le décret de la Constituante eut renversé cet ignoble état de choses, et que les inventeurs furent libres de penser, d'exécuter et de vendre; un grand nombre de perfectionnements se succédèrent en tout, et aussi dans l'éclairage, avant d'arriver à la lampe *Carcel*. Supposons que *Carcel* eût reçu un monopole perpétuel; il eût éteint le monopole de *Quinquet* et eût vu disparaître le sien par celui de *Robert* qui, lui-même, ne saurait durer éternellement, — parce que les autres inventeurs cherchent à se surpasser les uns les autres, afin d'obtenir un monopole à leur tour, mais un monopole mérité, puisqu'il est le prix de leur génie ou de leur talent.

Vous voyez bien qu'au lieu de faire obstacle au progrès, ceci ne peut produire qu'une louable émulation, capable d'enfanter des miracles ; au lieu de restrictions et de chaînes, c'est la libre expansion de toutes les nobles facultés de l'homme que nous vous apportons.

Louis XV, frappé des plaintes sans nombre, portées contre la pérennité des priviléges, avait cru faire quelque chose de magnifique, en réduisant la durée de tous les priviléges à 15 ans. Cela se passait en 1762. On s'attendait à quelque chose de plus complet de la part de Louis XVI qui supprima en effet tous les priviléges et les corporations, par son édit de 1776 ; mais les gens qui avaient acheté leurs charges avaient droit à une indemnité préalable, à aussi juste titre que les betteravistes, qui n'ont cependant pas acheté le droit d'établir des sucreries. Aussi, l'édit fut-il rapporté et le pauvre *Turgot* perdit-il son portefeuille à ce conflit.

On fit donc une révolution, pour tout renverser, sans indemnité, comme on fait une banqueroute pour payer ses dettes, sans bourse délier.

Cependant, on s'aperçut bientôt qu'entre tous ces priviléges et monopoles produits du *trafic royal*, il fallait distinguer le monopole loyal, produit du génie des inventeurs. La Constituante crut utile et nécessaire d'épargner celui-là et de lui conserver la durée de quinze ans, à laquelle tous les priviléges étaient réduits à cette époque.

Il est très-probable que si Louis XV n'eût pas porté son édit de réduction, nous ne serions pas obligé de réclamer aujourd'hui la pérennité, qui eût été certainement conservée aux inventions, par la Constituante elle-même ; car les inventions avaient les mêmes droits pour échapper à l'édit de 1762, que pour échapper au décret de 1791. Cela est incontestable. C'est donc à ce hasard seul qu'est dû le chiffre de quinze ans, qui limite si injustement la propriété des inventions.

Les priviléges accordés à la propriété littéraire étaient perpétuels aussi ; il n'est personne qui n'en ait retenu la formule : *Louis, par la grâce de Dieu, à nos amés et féaux conseillers, gens tenant nos cours*, etc. Nous ne trouvons pas qu'il y ait eu plus de progrès à réduire le privilége des gens de lettres que celui des inventeurs ; cependant, nous ne savons comment le pouvoir pourrait expliquer la différence qu'il trouve entre l'invention d'un livre, d'un opéra ou d'une machine, pour les traiter d'une manière si dissemblable. Ne faut-il pas, pour les uns comme pour les autres, une certaine dépense de génie, de temps et d'argent? Nous sommes persuadé que les restrictions apportées à la durée du privilége des inventeurs, n'ont pu sortir que de ces cerveaux stériles [1] qui s'imaginent que chaque invention est une colonne d'Hercule, sur laquelle ils graveraient volontiers, *Non plus ultra!* comme les auteurs des anciens règlements, qui s'étaient avisés d'emprisonner l'industrie dans des formes déterminées qu'il était interdit d'améliorer.

La rapidité avec laquelle les perfectionnements se succèdent, devrait pourtant leur faire comprendre que tout n'est pas inventé et qu'ils ne sont pas au bout de leurs étonnements.

On ne sait vraiment pas prévoir, non pas la fin, — car il ne peut y avoir de fin, — mais l'étendue et la rapidité d'accroissement, que prendraient les inventions, si le gouvernement consentait à lever les entraves, que notre triste législation pose encore aux inventeurs; mais ce serait bien un autre élan si on leur assurait la propriété perpétuelle de leurs découvertes.

Cet heureux temps ne paraît pas encore prochain, à en juger d'après le peu de chemin que les législateurs les plus éclairés ont fait en cette matière, depuis un demi-siècle; car ils se contentent de rincer le chiffon de la Constituante au lieu de le remplacer par un drapeau neuf, avec cette encourageante devise : *Finis laborum palma.*

Travaillez, malheureux investigateurs, passez vos nuits dans les douleurs de l'enfantement cérébral! brûlez votre dernière chaise comme *Bernard de Palissy*, pour émailler votre faïence! dépensez votre dernier sou pour procurer des agréments à l'aimable société, qui n'attend que la chute de votre fruit pour vous le dérober! Pruniers, portez des prunes! poiriers, mûrissez vos fruits, afin que des pourceaux viennent qui les mangent, à l'abri de vos rameaux dépouillés !!!

Il serait préférable que la Chambre française s'abstînt tout à fait, plutôt que de s'occuper d'un projet aussi peu en harmonie avec les lumières du siècle, que celui qui lui est présenté en ce moment. Elle devrait se borner à l'abrogation de l'article stupide, qui défend à un inventeur de prendre un brevet à l'étranger,

---

[1] Le fait est qu'il existe un grand nombre de très-estimables citoyens, peut-être la moitié, dont le cerveau est frappé d'une telle stérilité qu'il leur est comme interdit de concevoir spontanément une idée quelconque ; mais qui savent néanmoins la féconder quand ils en ont reçu le germe d'autrui.

Ne faut-il pas reconnaître en cela la grande loi physiologique de la division des sexes ?

et puis attendre que les idées que nous jetons dans la circulation aient germé et mûri dans la tête de quelques personnages plus influents que nous.

Cependant, nous ne croyons rien avancer qu'on puisse taxer d'abstraction ; au lieu d'entourer notre pensée de vagues nébulosités, nous allons droit au fait, en nous appuyant immédiatement sur des exemples. Voulons-nous montrer le beau côté d'un monopole bien entendu et faire ressortir la sécurité qui en résulte pour la société, — nous vous présentons la monnaie, les postes, la poudre, le tabac, et nous vous disons : Supposez que l'exploitation des postes soit livrée à la libre concurrence, — vous auriez pour résultat des centaines d'entrepreneurs avides qui vous offriraient de transporter vos lettres et votre argent, à plus bas prix les uns que les autres ; puis vous n'auriez bientôt plus rien du tout, ou vous ne pourriez compter sur l'exactitude et la probité de gens exposés à faire banqueroute à chaque instant. Le monopole du tabac existe en France et n'existe pas en Belgique ; il en résulte 80 millions pour le trésor français, et une grande sécurité pour les priseurs, qui sont du moins assurés d'avoir toujours du tabac pur et de n'avoir jamais le nez endolori par le sel, le muriate de chaux, l'ammoniaque, la brique ou le verre pilé, dont les Belges ont tant à souffrir.

Le monopole, comme nous l'entendons, aurait seul la puissance de s'opposer à l'établissement de la *féodalité industrielle,* qui nous menace sérieusement, d'après certains économistes, de la prochaine *absorption de tous les bénéfices du travail social par les gros capitaux.*

En effet, tant que l'industrie et le commerce resteront livrés à la merci du *primo occupanti,* il ne tiendra qu'aux gros capitaux de s'emparer de quelques-unes de ces provinces du domaine public, comme les grandes puissances maritimes s'emparent des îles qui leur conviennent, et de s'y créer des espèces de pachaliks industriels, d'où ils pourront pressurer indéfiniment le vilain.

Ce que la guerre de conquête a fait, la concurrence pourrait le faire ; nous nous étonnons même que la chose ait tant tardé, car l'arène est ouverte. Mais il est plus difficile qu'on ne le pense de monter une association de producteurs sur des bases solides ; nous sortons d'en faire la pénible expérience.

> Pour voler, massacrer, incendier, détruire,
> On s'organise bien ; mais fort mal pour produire.

En effet, il suffit de connaître l'histoire de la fondation des monarchies sur la propriété foncière, pour reconnaître que celles qui tendent à se fonder sur la propriété industrielle, suivent une marche identique et tout à fait naturelle.

A l'anarchie de l'individualisme, a succédé l'association par groupes et par communes, sous la protection des hauts barons féodaux qui ne cessèrent de se faire la guerre entre eux, jusqu'à ce qu'un de leurs principaux suzerains ait assujetti tous ses vassaux sous la centralisation monarchique; mais ces monarchies elles-mêmes, après avoir longtemps essayé leurs forces, éprouvent à leur tour une vive tendance vers une association européenne qui peut mettre fin à l'antagonisme militaire, si elles parviennent à s'entendre sur le partage des *bénéfices de la paix*.

Telle a été la marche et tel est l'état actuel du vaste groupe politique de la partie du monde la plus avancée. L'industrie est bien loin d'avoir fait un pareil chemin, puisqu'elle n'en est encore qu'à l'introït du régime féodal, c'est-à-dire à l'association par petits groupes de capitaux, qui se livrent une guerre acharnée, sous la conduite des *burgraves* de l'industrie et du commerce.

L'élément industriel, appelé à jouer un si grand rôle, n'en est donc encore qu'à sa phase moyen-âge, et nous n'avons certes pas l'espérance d'être son *Louis XI*, heureux si nous en étions le *Philippe de Commines*.

Voulez-vous, enfin, vous délivrer de toute crainte de féodalité, hâtez-vous de diviser et d'enclore la vaste bruyère de l'industrie; que chacun reçoive le lot qu'il sait cultiver, donnez-lui-en la propriété à tout jamais; et soyez assurés que les donjons féodaux ne sauront plus s'élever, au centre d'une contrée morcelée par des milliers de propriétés, petites, grandes ou moyennes!

Les gros capitalistes que vous semblez redouter à l'instar des gros bataillons, trouvant un placement assuré et suffisant dans l'exploitation régulière des diverses industries brevetées, ne chercheraient pas un autre emploi. Ils préféreraient s'associer à des hommes capables et ne songeraient plus à se faire industriels sans mission. Ils ne tenteraient plus de ces accaparements de fabrications qui échappent toujours à leur étreinte maladroite.

L'association du capital, du génie et du travail est la seule société qui puisse être durable, et jamais l'un de ces trois éléments ne peut se passer des deux autres.

Le génie isolé est un capital mort; le capital sans le travail est une valeur inerte; le travail sans intelligence et sans argent est une action stérile.

L'association de ces trois éléments est aussi nécessaire pour obtenir de grands résultats, que celle de l'eau, de l'air et du feu, pour obtenir une grande force. Mais les capitaux ne se livrent pas sans garantie.

Or, la loi peut fournir cette garantie au génie sans argent, en lui assurant la propriété de ses œuvres.


Accordez donc le bénéfice de la pérennité aux inventeurs de toute espèce, comme vous l'accordez aux inventeurs de mines, quand vous voulez qu'ils les exploitent. C'est absolument la même nature de propriété; et, si vous souhaitez aussi qu'on exploite les découvertes nouvelles, il faut leur donner les mêmes droits, d'où résulteront les mêmes facilités pour trouver des capitaux, et les mêmes avantages pour le trésor, dans une redevance proportionnelle.

Ces raisons sont tellement incontestables, que pas une voix ne s'élèvera pour les combattre. Si quelqu'un arguait du danger de cette incommensurable quantité de monopoles, nous lui répondrions par la division de la propriété foncière, division qui n'a que de bons résultats pour le fisc et pour la société en général. Et puis ces monopoles industriels s'entre-croiseraient, se dépasseraient, s'étendraient comme les ondes circulaires, produites sur un lac tranquille, par les gouttes d'une pluie bienfaisante, sans se nuire et sans se gêner dans leur expansion, qui ne s'arrêterait qu'aux bornes du monde, comme les ondes ne s'arrêtent qu'aux bords du lac.


Il nous semble qu'un ministre des finances devrait sourire, à la vue du nombre immense de patentes nouvelles, que nous lui montrons en perspective, et qu'il devrait accepter, avec la même reconnaissance que l'industrie et le commerce ont accepté les patentes, en remplacement des anciens priviléges.

Ce serait certes avec une joie bien plus grande encore que les inventeurs et les auteurs accepteraient les avertissements, sommations ou contraintes de verser l'impôt, qui seraient pour eux de véritables titres de propriétés.

Nous voudrions même ennoblir la patente, en la retirant aux banqueroutiers et à tous ceux qui se seraient rendus coupables de félonie dans l'industrie et le commerce.

La patente devrait être un titre honorable, un certificat de probité, un passeport, un port d'armes et un droit d'exercer la police sur son passage, comme elle l'est, dit-on, en Chine.


Des conseils de prud'hommes domineraient et surveilleraient toute cette vaste organisation, et seraient investis du droit de retirer la patente à tout individu dont la conduite donnerait lieu à de justes plaintes en escroquerie; car le citoyen séduit par une belle enseigne, qui a le malheur de tomber sur quelques-unes de ces araignées industrielles, occupées à tendre leurs toiles à la vitrine, ne sait réellement à qui s'adresser pour se plaindre de cette espèce de Bédouins industriels, qui se font patenter tout exprès, pour mieux courir la razzia contre la tribu des bonnes gens; protégés comme ils le sont par l'énormité des frais de justice, nécessaires aujourd'hui, pour obtenir la punition des petits voleurs.

L'établissement des *prud'hommes* remédierait à tout cela; il leur suffirait souvent de faire comparaître les fripons à leur barre, pour les obliger à décharger leurs comptes de moitié, sur la simple menace de se voir signaler et mettre au ban de la corporation des honnêtes travailleurs.

D'un autre côté, les *prud'hommes* seraient la providence des braves ouvriers qui, dans leur abandon, trouveraient auprès d'eux appui, conseil et protection.

Car, il faut en convenir, si notre ouvrier libre n'appartient à personne, rien aussi ne lui appartient : esclave, il avait le droit de vivre; libre, il n'en a plus la possibilité.

C'est-à-dire qu'il est libre de chercher du travail ou du pain, que chacun est libre de lui refuser; et il ne faut que trois jours sans pain et sans abri, dans nos climats, pour tuer un homme. Personne ne meurt de faim, s'écrient nos philanthropes de cabinet. — Vous vous trompez, il en meurt beaucoup qui ne viennent pas vous le dire; mais savez-vous combien succombent dans trois semaines, dans trois mois, dans trois ans, d'une suite de misères sans intermittence ?

Hâtez-vous donc de rendre aux travailleurs éparpillés et vagabonds, une meilleure organisation que celle qu'ils ont perdue, en recevant le funeste cadeau d'une liberté sans borne, mais aussi sans prévoyance et sans paternité.

Assurez la propriété des inventeurs, vous assurerez aussi la position des ouvriers; car, dès que la concurrence fait tomber une fabrique, elle ôte le pain à tous ceux qui vivaient autour de ce *monopolium*, comme vous ôtez la vie à toutes les plantes parasites qui vivaient aux dépens du chêne que vous abattez.

La concurrence est une belle chose, au dire des économistes; parce qu'elle fait que les consommateurs paient moins cher les objets dont ils ont besoin : par exemples, si au lieu de payer les cinq kilogrammes de fer consommés en Europe par individu, 1 fr. 55 c., ils ne le paient plus que 1 fr. 50 c., c'est, il est vrai, une économie de 5 centimes par tête et par an ; mais si ces cinq centimes de moins sont cause des effroyables banqueroutes qui mettent des milliers d'ouvriers sur le pavé, ne vaudrait-il.pas mieux payer 5 centimes de plus, pour éviter des catastrophes pareilles à celle dont le *Globe* anglais nous apporte aujourd'hui la triste nouvelle ?

« Nous regrettons d'avoir à annoncer la faillite d'une maison importante de
» Bristol, intéressée dans le commerce des fers (*la maison Harford and Co'*).
» Par suite de cette faillite dont le passif est de 400,000 liv. sterl., *six mille*
» *ouvriers* vont se trouver sans ouvrage. C'est là un des premiers et des plus
» lamentables résultats de la dépression qui a pesé sur l'industrie métallurgique
» dans ces derniers temps. »

Quand la libre concurrence cause de pareils dégâts, peut-on continuer sans crime à lui laisser ravager ainsi les pays de liberté ?

N'est-il pas temps de mettre un frein légal à cette course au clocher, qui détruit tout sur son passage ?

Le moment n'est-il pas venu pour les gouvernements qui songent au bien-être de leurs peuples, d'étudier cette question matérielle, la plus urgente du moment ?

Il n'y a qu'une grande mesure qui puisse apporter un remède au mal que vous avez fait à la majeure partie des ouvriers, en les déclarant libérés de tout frein, et par conséquent de tout devoir. Toutes les petites créations bienfaisantes de la philanthropie particulière, ne sont que des chevillettes fichées dans le flanc d'un navire pourri qui fait eau de toute part ; vous pourrez retarder sa perte de quelques heures peut-être, — mais vous ne l'empêcherez pas de sombrer.

Ce ne sont pas des règlements d'hôtel-de-ville, ce sont de bonnes lois d'état qu'il faut, pour changer la face des choses et la condition des peuples.

L'industrie est sans contredit la grande affaire du siècle, c'est sur elle qu'il faut que toute l'attention des législateurs et des gouvernants se concentre.

Organiser l'industrie et le commerce, c'est travailler au salut de l'Europe, au salut du monde.

Quelle est la cause du malaise qui travaille le corps de la société ? Quels sont les membres qui souffrent le plus et qui font les efforts les plus violents pour se délivrer de cet état de gêne et d'oppression, qui les rend malheureux au point de les tenir en bouderie permanente et même en révolte ouverte, contre l'ordre de choses actuel?

Nous ne craignons pas de le dire : ce sont en grande partie les hommes d'intelligence, sans position, c'est la partie noble, enfin, du prolétariat, qui n'a point sa libre expansion, ni sa part équitable des avantages de l'association, et qui se sent injustement exclue du *droit commun.*

Il n'est donc pas étonnant que ces parias intellectuels fassent cause commune avec les serfs et les esclaves! Il n'est pas étonnant qu'ils les endoctrinent, les enrôlent et les dressent pour l'émeute.

Mais donnez-leur la satisfaction qu'ils méritent, c'est-à-dire la propriété de leurs œuvres, faites-les passer dans les rangs des propriétaires, et ils en auront bientôt pris les goûts, adopté les croyances et les principes.


Puisque les propriétaires font la force des états, doublez et triplez, puisque vous le pouvez, le nombre des propriétaires, — le reste sera très-aisé à gouverner et n'aura pas même le droit de se plaindre.

Il y a certainement en France quinze cent mille individus, sortis des colléges, assez instruits pour occuper des emplois, et qui ne savent comment pourvoir à leur existence. Privés de protecteurs assez puissants pour atteindre aux faveurs du budget, trop faibles pour soutenir la concurrence du manouvrier, exercé depuis sa jeunesse aux travaux musculaires, ils flottent pour ainsi dire toute leur vie, dans cette région intermédiaire, que Filangieri appelle les *limbes* sociales, sans pouvoir monter au ciel ni descendre aux enfers. C'est cette population d'âmes en peine, qui vient en gémissant frapper à vos portes, pendant le jour, et tirer les rideaux de votre lit, pendant la nuit, pour solliciter une justice que vous n'avez aucun intérêt, aucun droit de leur refuser; car ils ne vous demandent que la nue-propriété de leurs œuvres futures : accordez-leur donc par la loi, ce qui leur appartient de droit naturel. Ce sera leur donner du travail et de l'espérance tout à la fois.


Le poëte, le littérateur, le peintre, le statuaire, le musicien, le technologue, le chimiste, le physicien, l'ingénieur, le mécanicien, l'homme de science et de génie, l'inventeur enfin et tout individu qui se sent une étincelle du feu de *Prométhée,* se livrera avec ardeur à la culture des landes intellectuelles, dès que vous lui permettrez de s'enclore.

Distribuez-leur donc, ce qui ne vous coûte rien, ce qui ne vaut rien aujourd'hui : la mine des inventions, qu'ils ne demandent que la permission d'exploiter, avec la certitude que ce qu'ils y trouveront leur soit garanti par la loi !


Mais, direz-vous, cette loi existe. On accorde aux écrivains, aux peintres, aux musiciens, aux statuaires, aux inventeurs, etc., une propriété temporaire que nous croyons suffisante.

Vous le croyez? eh bien, vous êtes dans l'erreur, et nous allons vous le prouver par quelques exemples fameux, celui de *Watt* entre autres, qui, arrivé à l'avant-dernière année de son brevet, était près de tomber en déconfiture et de compromettre tous les capitaux qui lui avaient été avancés, quand, heureusement pour lui, le riche avocat *Bolton* fit prolonger sa patente jusqu'à vingt-cinq ans; associa son activité et sa connaissance des affaires, au génie de cet habile ingénieur et le mit à même de faire une fortune qu'on a portée à 62 millions. *Arkwright* s'est trouvé dans le même cas, et son fils qui vient de mourir possédait 150 millions.

Mais *Carcel*, qui n'avait qu'un brevet de 10 ans, est mort en ne laissant que son enseigne à ses enfants, tandis que sa lampe a fait la fortune de dix lampistes qui lui ont succédé.

*Jacquart*, dont le métier enrichit des milliers d'individus, est mort avec une petite pension alimentaire qu'il tenait de la munificence impériale.

C'est d'ailleurs une chose passée en proverbe, que tous les premiers inventeurs se ruinent, tandis que ceux qui leur succèdent s'enrichissent. Pourquoi cela? c'est parce que la durée des brevets n'est pas suffisante et que les capitalistes refusent pour cette raison d'y risquer des fonds.


C'est pour remédier à cette insuffisance de temps, qui ne leur permet pas de se créer une clientèle normale, que les Anglais ont dû recourir à cette publicité inouïe, à laquelle ils n'hésitent pas de consacrer des sommes considérables qu'ils appellent *fonds de divulgation*.


Ils ont pour axiome que tant qu'il existe au monde un individu qui a besoin de ce qu'ils fabriquent et qui ne connaît pas leur adresse, il n'y a pas assez de publicité.


C'est ainsi que de simples marchands de cirage, *Martin, Hunt et Robert-Warren*, consacrent 500,000 francs par an à la publicité; et que la clientèle du premier a été vendue 70,000 livres (1,750,000 fr.) à l'ancien commis de cette maison.

C'est ainsi que *Perry* et *Gillot*, fabricants de plumes d'acier, que *Rowland* et *Price*, fabricants de cosmétiques, que le coutelier *Mechi*, le chapelier *Perrin*, le tailleur *Dowincy* dépensent plusieurs centaines de mille francs en annonces, tous les ans.

Il n'est pas jusqu'aux charlatans médicaux *Eady*, *Solomont*, *Anderson* et *Morisson*, fabricants de pilules, qui n'en fassent autant.

Tout le monde connaît en Angleterre le célèbre notaire *George Robins*, surnommé le *prince des annonceurs*, à cause du talent incroyable qu'il déploie à faire ressortir, à force d'annonces, les qualités des châteaux, des terres, et des tableaux dont on lui confie la vente.

Appelez cela du charlatanisme, si vous voulez; mais c'est du charlatanisme obligé, commandé par la mauvaise organisation de l'industrie, qui ne permet pas d'autre concurrence que celle du mensonge, de la ruse, de la contrefaçon et de l'adultération des produits.

Vous feriez aisément tout rentrer dans l'ordre, en garantissant à chacun la propriété héréditaire de ses œuvres, de son commerce et de son industrie; en réprimant sévèrement la contrefaçon des marques, des étiquettes, des firmes et des poinçons, comme vous le faites pour les matières d'or et d'argent.

Nous voudrions enfin que personne ne pût s'emparer impunément du bien ou du travail d'autrui, pas même de celui des journaux, sans les citer, comme l'a fait un journaliste d'Anvers qui résume en ces termes généraux les principales bases du système organisateur que nous avons pris *la peine* de développer :

« Ce que l'économie domestique est pour une famille, l'économie commerciale l'est pour l'industrie. Production et consommation, travail et satisfaction des besoins de la vie, tels sont les deux termes de cette science, qui consiste à établir un juste équilibre entre l'un et l'autre, et à répartir la richesse de manière que tous les travaux productifs concourent à son partage.

» Mais il n'y a pas de véritable économie commerciale sans l'inviolabilité des principes que nous avons toujours proclamés.

» Chacun doit pouvoir jouir en toute sécurité du fruit de son travail, car personne ne travaille que dans le but d'acquérir de l'aisance et de pouvoir disposer, à son gré, du produit de ses efforts et de ses veilles.

» Mais il faut que la probité préside à toutes les entreprises industrielles, il y aura plus de sécurité pour la richesse publique, puisque la fortune des particuliers ne sera plus à la discrétion d'un petit nombre d'accapareurs.

» Voilà comment presque toutes les questions nous ramènent inévitablement au principe *du droit commun*, comme à la source de toute justice, de toute logique, de toute prospérité générale et particulière. C'est que l'équité est seule féconde en améliorations morales et matérielles.

» Pour rendre un peuple intelligent, actif, industrieux, il suffit de lui donner la garantie de la paisible jouissance du fruit de ses travaux. Or, cette garantie, il ne peut la trouver qu'en lui-même, et puisqu'il a semé, c'est à lui de recueillir la moisson.

» Il faut donc nécessairement traiter, sous le point de vue du plus grand respect pour la propriété et les droits de chacun, les questions économiques si étrangement obscurcies par les hommes d'arbitraire et de monopole d'une part, et par ceux de révolution et d'anarchie de l'autre. Il y a une économie politique chrétienne, nationale, sociale, dont les doctrines sont simples, claires, intelligibles, morales surtout. Les droits et les intérêts du peuple, l'amélioration de l'existence des travailleurs, les secours auxquels a droit l'indigence involontaire et forcée, ne sauraient être étrangers à la presse vraiment progressive.

» Améliorer la société tout entière, dans son existence morale et matérielle, tel doit être le but des hommes qui marchent à sa tête, telle est aussi la mission de la presse, ce guide des intelligences, fait pour produire la plus parfaite civilisation selon l'ordre et la liberté. »

Quelque inattendues que puissent paraître nos révélations, sur les causes de l'état de maladie dans lequel se traîne l'industrie; quelque éloigné que paraisse le remède que nous proposons, il n'en est pas moins certain que nous n'apprendrons rien qu'ils ne sentent et qu'ils ne sachent, aux négociants et aux industriels dont nous n'aurons que le mérite d'avoir formulé les idées et les plaintes.

C'est du moins ce que nous font connaître, presque toutes les personnes instruites auxquelles nous avons communiqué notre travail; on en jugera, par la similitude de nos observations, avec celles d'un grand entrepreneur de peinture en bâtiments, M. *Leclaire* de Paris, qui a eu le courage de dévoiler les fraudes qui se commettent dans sa partie.

Il serait bien à désirer que chaque industriel en fît autant [1].

Voilà des sujets de prix à offrir, par les académies, aux hommes consciencieux qui consentiraient à dénoncer toutes les falsifications industrielles et commerciales dont la société est la victime [2].

Quelle enquête pourrait être plus profitable? Quel argent serait plus utilement dépensé? Et quel faisceau de lumière viendrait éclairer le législateur sur la nécessité de réorganiser le travail sur de meilleures bases! La discussion s'ouvrirait largement alors sur ce terrain brûlant, où personne n'ose encore mettre le pied.

« La libre concurrence, dit M. *Leclaire,* a été prônée avec exagération. Les

---

[1] On nous annonce que M. *Jules* GARNIER va publier un livre sur les falsifications des substances alimentaires, qui sera aussi curieux qu'utile ; c'est lui qui fait connaître qu'il existe dans le département de l'Allier, des cailloux blancs qui, après avoir été concassés, moulus et blutés, donnent une poudre blanche tout à fait analogue, par sa blancheur et sa finesse, à la farine de froment, dans laquelle les fraudeurs l'introduisent, en assez grande quantité, pour l'exportation. On vient d'en saisir un chargement à Marseille, qui contenait cinq pour cent de cette substance dangereuse.

[2] On se rappelle qu'un fait important pour la salubrité publique fut porté, il y a trois ans environ, à la connaissance de l'administration supérieure. Il en résultait que, pour une notable partie au moins, les sels destinés aux usages alimentaires vendus à Paris étaient falsifiés. Par l'examen auquel on se livra alors, on reconnut que la falsification se faisait en employant, pour le sel gris, du plâtre cru et des sels de warech qui contenaient de l'iode; et pour le sel blanc, en mêlant au sel raffiné des sels de warech bruts ou raffinés. Les expériences auxquelles on se livra, établirent que, sur 3,023 échantillons prélevés dans Paris, il y en avait 309 (plus d'un dixième) qui avaient été reconnus falsifiés.

. L'autorité prit de promptes mesures ; plusieurs falsificateurs furent traduits devant les tribunaux et condamnés.

La fraude cessa momentanément d'être mise en pratique, et l'on avait lieu d'espérer qu'elle ne se renouvellerait pas, lorsque, tout récemment, MM. les professeurs de l'École de pharmacie de Paris, en procédant chez les épiciers, aux visites annuelles voulues par la loi, reconnurent qu'il existait chez quelques-uns de ces débitants, non-seulement des sels dans lesquels on apercevait des traces d'un sel de cuivre, mais encore un grand nombre de sels mélangés avec du sel de warech, qui contient de l'iode. Près de trente échantillons ont été saisis, parmi lesquels trois contenaient de petits cristaux d'un sel de cuivre. Le reste ne contenait que du warech, mais n'en était pas moins dangereux comme substance alimentaire.

De nouvelles visites ayant été pratiquées chez différents raffineurs de sels, ceux de MM. les membres du Conseil de salubrité qui y procédaient, assistés d'un commissaire de police délégué, ont saisi et placé sous scellés, plusieurs échantillons de sels, mêlés de plâtre cru et de sel de warech.

Cette affaire, qui donne lieu à une instruction judiciaire, sera plus tard déférée aux tribunaux.

économistes du XVIIIᵉ siècle, frappés des inconvénients du monopole, furent portés à en chercher le remède, en y substituant la liberté commerciale; ils n'envisagèrent la concurrence que du point de vue de ses effets utiles, ils la considérèrent uniquement comme une force destinée à exciter une heureuse émulation, à stimuler l'activité des travailleurs et le génie de l'invention; la concurrence devait ouvrir des sources de fécondité nouvelle et enrichir le pays, en multipliant et perfectionnant les produits, au grand profit de tous les consommateurs et des producteurs même. Poussés par un esprit de réaction contre les anciennes entraves qui avaient comprimé l'essor industriel, les anciens économistes adoptèrent donc, dans toute sa latitude, le principe du « *laissez faire, laissez passer.* » Les corporations, les maîtrises et les jurandes furent supprimées, et une liberté absolue succéda à l'ancien système de monopole partiel; les destinées de l'industrie, les sources des richesses de l'avenir furent livrées sans contrôle, sauf quelques rares exceptions, aux inspirations du génie et de l'intérêt individuel. Une concurrence sans bornes fut ouverte entre tous les producteurs et entre tous les commerçants.

» La concurrence, par un mouvement inévitable, ne tarda pas à amener la baisse des prix jusqu'à son dernier terme, et l'industriel, libre d'adopter les moyens qu'il considérait comme les plus propres à faciliter l'écoulement de ses produits, à étendre ses relations avec la classe des consommateurs, s'est trouvé face à face avec la fraude, qui s'est efforcée à la fois de le séduire par l'appât de la fortune, et de l'effrayer par la crainte de la ruine, de la banqueroute.

» Les sciences physiques et chimiques, qui devaient servir à faciliter la fabrication des produits et à leur donner une plus grande perfection, ont été consultées depuis lors, dans le but d'embellir l'apparence de la marchandise, toujours aux dépens de sa bonté réelle; la science s'est mise au service du mal, et l'art de la falsification est aujourd'hui plus avancé, sous beaucoup de rapports, que l'art de la bonne fabrication.

» La concurrence s'exerçant dans des conditions de liberté absolue, a donc engendré la fraude, le vol, et le charlatanisme le plus révoltant. Ce système trouve encore pourtant un bon nombre d'appuis, mais seulement parmi les gens qui ne savent rien de ce qui se passe.

» Les architectes n'ont eu que trop souvent l'occasion de vérifier dans les travaux de bâtiment qu'ils dirigent, combien le système de concurrence illimitée a fait éclore de fraudes et de ruses de tout genre; aussi la concurrence est-elle considérée aujourd'hui par plusieurs économistes, comme la source d'une excitation désastreuse à l'industrie et fatale à la moralité, comme la cause d'une multiplication surabondante de produits, comme conduisant fatalement au mensonge, au vol et à la misère.

» Cette vue partielle de la concurrence, qui ne permet d'en apprécier que les conséquences produites dans de mauvaises conditions, qui confond les effets avec un des éléments de leur cause, est aussi imparfaite que celle des anciens économistes; mais notre objet en ce moment n'est pas de déterminer dans quelles limites doit être renfermé l'exercice de la concurrence, à quel contrôle on devrait l'assujettir, dans quelle mesure, en un mot, l'ordre et la liberté devraient se faire de mutuelles concessions. Nous acceptons la concurrence illimitée, comme un fait actuel; nous en connaissons les affreuses conséquences, et nous tenons à prévenir nos lecteurs contre les fraudes et les ruses auxquelles les entrepreneurs de bâtiments sont contraints de recourir. »

Il en est de même dans tous les métiers; disons quelques mots sur ceux que nous connaissons un peu.

Par exemple : la fabrication des drogues étant une chose très-lucrative, elle a particulièrement fixé la rapacité des falsificateurs, qui s'attachent particulièrement aux produits d'un prix élevé, tels que la cochenille, la quinine, la morphine, le *castoréum* de Sibérie, le *lactucarium* et jusqu'aux composés mercuriels; ils falsifient le précipité rouge par du *minium* et du verre pilé, le précipité blanc par du *sublimé corrosif* et des os calcinés. Ils font de l'onguent mercuriel sans mercure et des extraits où il ne manque que la substance dont ils portent le nom.

Les farines de lin et de moutarde sont mélangées de tourteaux et de son; il y a des pâtes et des sirops de guimauve, sans guimauve; il y a du miel-*sirop de fécule*, de la mauve-*glucose*, des poudres pour tout faire, des pilules toutes faites pour tout, etc.

En général, presque tous les produits pulvérulents et liquides falsifiables sont falsifiés; il n'est pas jusqu'à l'acide nitrique dans lequel on n'a pas honte de mêler jusqu'à 30 et 50 p. c. d'acide sulfurique.

Industriels, fiez-vous donc aux détaillants pour vos expériences? Ménagères, achetez donc du savon fabriqué avec des pierres à fusil! des huiles d'olive et des vins naturels, si vous pouvez en découvrir [1]. On fait du lait avec des cervelles de veaux, du beurre avec de la farine et du saindoux, du pain avec de la fécule et du sulfate de cuivre, des crètes de coq avec des palais de bœuf, de l'ivoire avec des os blanchis; on met du plâtre dans le papier, des fèves dans la farine, du sel dans le tabac, de la poussière dans les crayons de Brockmann, de l'eau dans la houille; c'est enfin à qui vous vendra de l'étain pour de l'argent et du cuivre pour de l'or.

C'est assez dire que la liberté de l'industrie et du commerce a ouvert la porte à toutes les espèces de fraudes imaginables; et, en bonne conscience, il ne pouvait guère en être autrement, quand on offre une fortune pour prime aux falsificateurs, et une ruine assurée aux commerçants de bonne foi.

On nous dira peut-être que la fraude a existé de tous les temps, même dans l'antiquité, mais l'on n'était pas si avancé qu'aujourd'hui dans l'art savant de la falsification; et puis cela se bornait aux poids et mesures et aux voleries des marchands et des aubergistes, dont *Platon* lui-même se plaint (11me livre des lois). Il voulait comme nous que des règlements spéciaux et sévères fussent établis pour empêcher l'altération des poids et des denrées.

« L'institution des marchands, des traiteurs et des aubergistes, dit-il, a pour but les avantages de la consommation et les intérêts de la cité; mais ces états sont fort décriés à cause de l'avidité et de la mauvaise foi de ceux qui les exercent. »

L'industrie ancienne ne se faisait point sur une grande échelle, comme la nôtre, il n'y avait donc pas d'ouverture à ces avalanches de produits frelatés, qui vous inondent l'Europe en quelques jours; la fraude était individuelle comme l'art. *Pline* la dénonce dans son XII<sup>e</sup> livre.

« Les substances les plus précieuses, dit-il, sont falsifiées par les marchands, avec une mauvaise foi insigne et une grande habileté. »

Il paraît que les traficants égyptiens avaient une bien mauvaise renommée, pour que les lois exigeassent, au dire de *Diodore de Sicile*, qu'un citoyen eût

---

[1] M. *Mauguin,* député de la Côte-d'Or, évalue à 500 mille hectolitres la quantité d'eau distribuée dans Paris, sous forme de vin, et à 1,500 mille, toute celle qui se prépare et se vend pour du vin dans toute la France.

renoncé depuis 10 années révolues à toute espèce de négoce ou trafic, pour aborder seulement les premiers échelons des emplois publics.

Quant aux Chinois, ils classent le marchand bien au-dessous de l'agriculteur et de l'ouvrier, attendu qu'ils ne produisent rien d'immédiatement utile à l'homme.

Après avoir vu comment les Grecs, les Égyptiens, les Romains et les Chinois ont envisagé les fraudeurs, voyons ce qu'en pense un homme bien compétent sans doute, M. le baron *Thénard*, pair de France et haut fonctionnaire public, qui s'exprimait ainsi dans la séance du 26 mars dernier : « Mon hono-
» rable ami, M. *Gay-Lussac*, disait que le charlatanisme est une plaie de la
» société, qui se retrouve partout. Oui, le charlatanisme est une plaie de l'épo-
» que; oui, il se montre partout avec audace et fait des dupes, sinon des vic-
» times; oui, la fraude s'exerce publiquement, pour ainsi dire, et la bonne
» foi devient de plus en plus rare... Faudra-t-il que je cite des faits? Se fait-on
» scrupule d'entrer, dans le royaume, dans les villes, des marchandises sans
» payer les droits dont elles sont frappées, et *n'y a-t-il pas des fortunes consi-*
» *dérables basées sur ces vols publics?* Ne cherche-t-on pas à tout falsifier, tissus,
» produits, aliments, boissons? Vous le savez tous, Messieurs, et M. le minis-
» tre du commerce le sait comme nous. Autrefois nos colis étaient reçus partout
» en pays étrangers *sans être ouverts*, tant la confiance dans les expéditeurs
» était grande et méritée. Pourquoi donc n'est-ce pas la même chose aujour-
» d'hui, et pourquoi existe-t-il tant de défiance? Je vous en ai dit la cause. »

Ces aveux sont extrêmement graves de la part d'un homme savant et sérieux qui appartient au gouvernement.

D'un autre côté, M. *Mauguin* s'écrie, dans un discours que nous avons déjà cité : « Mais savez-vous quel est le bénéfice du falsificateur ?.... Il y a, dans
» Paris, *plusieurs fortunes considérables qui ont été faites par ces déplorables*
» *moyens !* »

M. *Morand*, qui commence en France un travail analogue au nôtre, s'exprime ainsi : « L'étranger ne veut plus de nos marchandises, nos magasins sont encombrés, le travail de la production se ralentit, les salaires diminuent, etc.

» De nos jours, les fraudes commerciales semblent avoir anéanti parmi nous toute loyauté, toute bonne foi, toute émulation généreuse; la probité d'ailleurs ne peut lutter avec avantage contre les piéges de toutes sortes qui lui sont tendus. »

Nous voyons avec plaisir que nous n'avons point prêché dans le désert, en jetant les premières ébauches de notre travail dans la presse. Ce ne sont pas seulement les économistes les plus distingués qui nous encouragent, ce sont encore les journaux les plus sensés qui s'émeuvent à nos cris de détresse, qui paraissent ne pas plaire à tout le monde, dans un pays où le mot de *contrefaçon* paraît avoir perdu jusqu'à la dernière nuance de criminalité.

— 55 —

Nous concevons qu'il n'eût pas fait bon imprimer, il y a 25 ans, une brochure contre la piraterie, à Alger ; cependant l'effendi qui eût eu le courage de
le faire, aurait probablement sauvé sa patrie.

Nous sommes dans la même croyance à l'égard de notre pays ; si l'industrie
et le commerce y eussent été organisés, en 1830, nous n'en serions pas à
déplorer aujourd'hui les suites désastreuses de la *libre concurrence*.

Mais le remède alors n'était point trouvé, nous le montrons du doigt aujour-
d'hui, espérons qu'on voudra bien en essayer, mais continuons à faire voir la
grandeur du mal pour mieux faire sentir la nécessité du remède, et laissons
parler la *Phalange* d'aujourd'hui 16 juin :


« Une recrudescence de faillites a lieu, en ce moment, à Paris. Une multitude
» de petits boutiquiers, négociants et fabricants sont obligés de se liquider et
» de fermer, écrasés qu'ils sont par la concurrence. »

« S'il est une branche du travail social dans laquelle les funestes résultats de
la concurrence soient évidents, c'est sans contredit le commerce. Le mode actuel
de distribution des produits est un véritable fléau pour les consommateurs et
pour les commerçants eux-mêmes. Il serait bien difficile d'imaginer quelque
chose de plus faux, de plus incohérent, de plus anti-économique et de plus
ruineux, que ce mode de commerce tant prôné par nos économistes modernes.
A l'exception de quelques vampires, tout le monde souffre d'un pareil état
de choses.

» Mais c'est surtout dans les grands centres de civilisation, que tous les
désordres, toutes les monstruosités du commerce anarchique apparaissent au
grand jour. Là les conditions de ce genre de travail sont bien plus chanceuses,
et le détaillant qui se croit libre, parce qu'il peut tromper *sur la qualité, sur le
prix et souvent sur le poids*, plie sous le faix d'un joug qui l'écrase. La cherté
des loyers, la nécessité de l'étalage et du fracas, la multiplicité des intermé-
diaires et agents parasites, l'incertitude de la clientèle, *les mauvais payeurs,
le temps perdu* dans les courses et les démarches inutiles, *l'infidélité des subal-
ternes*, tout conspire à accabler, à ruiner le petit marchand, le boutiquier. Que
l'on calcule la perte de forces qui a lieu matin et soir dans Paris, par l'étalage
de plus de trente mille boutiques! Et toutes ces allées et venues, toute cette
dépense de paroles, de ruses et de mensonges qu'entraîne le débat entre le
vendeur et l'acheteur. C'est vraiment effrayant. Comment se fait-il que nos
savants économistes n'aperçoivent pas un désordre aussi anti-économique?
Comment se fait-il que, dans leurs chaires, dans leurs journaux, dans leurs
académies, ils ne proposent pas la réforme du commerce anarchique et
mensonger?

» Depuis quelque temps, on parle beaucoup de l'Organisation du travail. C'est la formule autour de laquelle tous les bons esprits se rallient. Les partis politiques eux-mêmes n'osent plus la repousser, parce qu'ils commencent à comprendre que le problème industriel porte en lui la réalisation des espérances de liberté et de bonheur que la philosophie et la révolution française ont fait naître. Eh bien! au point de vue des réformes spéciales, la branche du travail social qui aurait le plus besoin d'une réorganisation immédiate, c'est le commerce. C'est là qu'il faudrait apporter l'ordre et la lumière, c'est là qu'il faudrait rétablir la franchise et la bonne foi que les modernes doctrines du *laissez faire* en ont bannies. Chose singulière! la nation qui a le plus de franchise et de loyauté dans le caractère est précisément celle qui a le plus raffiné les fraudes commerciales. Et elle en est la première victime. Ne devrait-elle pas être aussi la première à entreprendre la réforme commerciale?

» L'organisation du travail commercial est tellement dans les besoins, dans les tendances de l'époque actuelle, que l'on voit, par la force même des choses, cette organisation se former en mode oppressif. De toutes parts, en effet, apparaissent et grandissent les germes de la Féodalité mercantile. Au lieu d'une régie unitaire qui protégerait à la fois le consommateur et le marchand, nous avons cent mille monopoleurs qui, au nom de la liberté, exploitent et sacrifient sans pitié, tout ce qui n'est pas de force à lutter avec eux. La palme est au plus riche, et souvent au plus fourbe. Un pareil état de choses démoralise une nation, et la prépare à la corruption politique. Un journal qui réclame habituellement la réforme électorale dans ses premiers-Paris, faisait très-bien ressortir, il y a quelques jours, dans un article *Variétés*, l'influence délétère exercée sur les mœurs publiques par l'anarchie commerciale.

» Les étables d'Augias de la politique ne sont qu'un compartiment des grandes étables d'Augias de l'industrie et du commerce. Quel est donc l'Hercule qui les nettoiera? C'est l'opinion publique, c'est la volonté nationale manifestée par un Pouvoir fort, intelligent et organisateur. Et, pour obtenir ce Pouvoir, il faut instruire les masses, et non leur demander l'enseignement. La découverte du procédé est dans le domaine des faits contemporains; il ne s'agit que de la propager, de la faire agréer. Et certes, les circonstances ne sont que trop favorables pour cela. Le petit commerce de Paris est en coupe réglée de faillites; et dans les départements, viennent succomber coup sur coup les plus fortes maisons. Quant aux fraudes, aux fourberies, aux falsifications, il serait difficile d'aller plus loin.

» La Presse devrait donc élever la voix, et appeler l'attention sur la réforme commerciale. Il ne suffit pas de parler vaguement de l'Organisation du travail, il faut dire en quoi cette organisation doit consister. L'organisation du commerce est une des mesures qui contribueraient le plus à régénérer le caractère national, à relever la France à ses propres yeux et à ceux du monde. »

La Constituante devait être composée de républicains bien candides pour imaginer que la liberté du commerce ne pouvait dégénérer en brigandage. On ne conçoit pas comment il ne s'est pas trouvé là un philosophe assez convaincu de la perversité de l'esprit humain pour leur crier : vertueux collègues,

Essayez de suspendre les lois préventives et répressives du vol, pendant quelques mois, fiez-vous aux bons instincts, à la probité du peuple, laissez vos portes ouvertes à la vertu des masses, et vous aurez un échantillon de ce qui doit se passer dans l'industrie et le commerce libres!

Il ne faut pas croire, cependant, que la justice soit entièrement désarmée contre la fraude industrielle ; car il existe dans nos codes des *rudiments* de mesures répressives contre l'usurpation des emblèmes, des noms et des marques industrielles [1] ; la révolution nous a légué une ébauche d'organisation qu'il suffirait de raviver en lui donnant l'ampliation nécessaire avec la juridiction des prud'hommes pour complément. Mais parce que l'on méconnaît les mesures qui donneraient la facilité d'ordonnancer le travail et qu'on les a laissé tomber en dissuétude, on a fini par regarder la liberté comme l'équivalent de l'anarchie, et chacun s'est mis en quête d'une organisation tout d'une pièce.

La prudence veut cependant que l'on se serve, pour bâtir, des anciens matériaux quand ils sont bons, et puisque les marques de fabriques ont été inventées, dès la naissance du commerce, pour signaler l'origine des produits, protéger la propriété industrielle et faciliter la répression de la contrebande, nous ne pouvons mieux faire que de nous appuyer sur ces respectables fondements. Contrefaire une marque c'est détourner l'achalandage et enlever la clientèle d'autrui, c'est un délit comme un autre, dit M. Wolowski.

Jadis les marques n'étaient pas seulement facultatives, elles étaient obligatoires jusqu'à la tyrannie : non-seulement on exigeait que les produits fussent marqués; mais il fallait encore qu'ils fussent de qualité conforme aux règlements;

---

[1] « Les lois n'ont pas voulu qu'on fraudât la marchandise, » a dit M. *Mauguin*; « mais elles n'ont établi pour réprimer ces fraudes que des peines légères, des peines de simples contraventions : je propose de convertir ces contraventions en délits. »

à défaut de quoi, ils étaient saisis pour la première fois et attachés au carcan pendant 48 heures ; pour la deuxième fois même punition, suivie de blâme contre l'ouvrier ; pour la troisième fois le travailleur maladroit ou trompeur était attaché lui-même au carcan.

Quelle différence entre ce régime sévère et le nôtre, où l'ouvrier qui n'a pas même été apprenti, s'érige en maître, prend une enseigne, une patente et souvent des armes royales, pour mieux en imposer au consommateur qui pâtit aujourd'hui de tout le mal dont la révolution a affranchi le producteur.

On conçoit qu'en tenant la main à la sincérité des produits, en exigeant qu'ils soient revêtus du contrôle de l'État, ce serait leur imprimer un cachet de bonne foi, capable de captiver la confiance de l'étranger, en même temps que celle de l'indigène ; aussi le *Zollverein* marche-t-il à grands pas vers l'adoption de ces principes, en travaillant à faire respecter la propriété des marques et des inventions, dans toute l'union.

En Saxe et en Prusse on condamne la contrefaçon des marques réciproques, en vertu des lois du 4 juillet 1840 et du 12 février 1841 ; on condamne même la contrefaçon des étiquettes étrangères par les nationaux.

En Autriche, on défend à un horloger de graver son nom sur une montre venue de l'étranger ; il lui est même interdit de graver le nom d'un étranger sur son propre ouvrage. Quelle leçon de moralité pour la Belgique !

En Moravie, en Tyrol, en Gallicie, chaque barre de fer doit porter le numéro et le signe de sa qualité ; l'oubli de la marque même y est sévèrement puni.

En Styrie, les taillandiers sont tenus de marquer leurs outils.

Une loi de 1754 ordonnait le poinçonnement du papier, des draps, des toiles, des soieries, etc., confectionnés d'après les règlements ; mais l'Autriche a sagement laissé tomber en déchéance, toutes ces formalités gênantes qui entravaient le progrès en empêchant les fabricants de se conformer aux exigences du goût et de la mode. Ce gouvernement n'a pas seulement senti, mais il a déclaré qu'il regardait comme une chose injuste, d'obliger les fabricants à produire des marchandises souvent invendables, en vertu des vieux règlements.

L'Autriche a porté sa paternelle sollicitude jusqu'à interdire aux apprêteurs de donner aux étoffes mélangées de fil et de coton l'apparence des toiles purés, et à prohiber la vente des étoffes en faux teint, qui sont saisies, lavées et vendues au profit du fisc.

La Prusse, de son côté, interdit d'appliquer les signes de la bonne marchandise sur la mauvaise, parce que cela peut nuire au crédit national, aux yeux de l'étranger, comme l'a si bien démontré le professeur Wolowsky. La Russie exige que les poutres de Riga, les sapins de la couronne, portent la marque de leur qualité; la graine de lin même doit être contrôlée et classée, c'est ce qui fait la sûreté de ce commerce important. Ce n'est pas en Russie que l'on permettrait de vendre impunément du houblon épuisé de sa lupuline, comme on se permet de le faire ailleurs.

Il faut convenir qu'en présence de ces louables préoccupations des gouvernements paternels, nous devons trouver la moralité du représentatif singulièrement relâchée; car il permet tout ce qui n'est pas défendu, et il a oublié de défendre une foule de choses qui ne devraient point être permises. Croit-on, par exemple, qu'il ne résulterait pas un grand dommage pour la Belgique, de laisser partir pour les colonies des milliers de fusils de traite non éprouvés, et destinés à estropier ceux qui s'en servent?

Croit-on qu'un premier envoi de farines sophistiquées, à Rio de Janeiro ou à Buénos-Ayres, ne suffirait pas pour faire crouler les espérances sur lesquelles se sont élevés tous nos grands moulins à vapeur?

Croit-on que l'expédition, au loin, de toiles ou de papiers brûlés par le chlore, ne nous fermerait pas les dernières portes qui nous soient ouvertes?

Croit-on enfin que l'on retourne à la boutique qui vous a trompé une première fois?

Nous nous expliquons fort bien aujourd'hui, pourquoi l'ancienne noblesse devait déposer son épée et ses titres, quand elle voulait s'occuper d'industrie et de commerce, lorsqu'ils étaient livrés exclusivement aux mains des Juifs, des charlatans et des Bohémiens.

C'était sans doute pour rendre quelque moralité à ces branches importantes de la prospérité des peuples, que la noblesse avait provoqué les premiers édits organiques du travail en France.

Cette moralité, si nécessaire en tout, naîtrait inévitablement de l'organisation rationnelle que nous n'avons pas la prétention de donner comme parfaite et complète, mais sur laquelle nous voudrions appeler la discussion des organes de l'opinion publique, si préoccupés en ce moment des questions oiseuses et stériles de la politique de partis.

## RÉSUMÉ.

Le besoin de mettre un ordre, une hiérarchie, une organisation quelconque dans l'industrie et le commerce préoccupe depuis longtemps les économistes, qui s'effraient, avec raison, du mal toujours croissant de la concurrence illimitée ; concurrence qui, au lieu de suivre une ligne d'*améliorations* ascendante, comme elle le fait dans les *arts*, les *sciences* et la *littérature*, suit, au contraire, dans l'*industrie* et le *commerce*, une ligne de *péjoration* fatale aux individus, comme à la société.

Les partisans du *laissez faire* se sont trompés, faute d'avoir distingué les deux espèces de concurrences que nous allons faire apprécier par un exemple.

Il n'y a qu'une manière possible de renverser ses rivaux dans les arts, les sciences et la littérature, *c'est de faire mieux*. Car jamais vous n'enlèverez la clientèle et la réputation d'un bon peintre, d'un bon musicien ou d'un bon écrivain, par de mauvais tableaux, de mauvaise musique ou de mauvais livres.

En industrie, au contraire, *c'est de faire pis*, c'est-à-dire, de donner à meilleur marché de *mauvais produits de bonne apparence ;* car le bon marché a une limite qu'on ne peut franchir sans entrer dans le domaine de la fraude.

Nous avons démontré que le principe de *liberté en tout et pour tous*, qui a séduit tant de monde, faute d'avoir fait la distinction qui précède, n'est autre chose que la *guerre*, qu'il ne faut pas confondre avec l'*émulation*, si profitable aux beaux-arts. Nous en avons conclu, que la libre concurrence, cause unique des crises commerciales et financières, n'était pas plus nécessaire à la société que la guerre et la maladie.

Nous reproduirons un exemple frappant de similitude, entre la concurrence et la guerre. Mettez en présence 40 mille hommes ou 40 mille écus, contre 50 mille hommes ou 50 mille écus; après l'action, que reste-t-il au vainqueur? 10 mille hommes ou 10 mille écus, qui seront aisément battus par 15 mille hommes ou 15 mille écus.

Mais le nouveau vainqueur, réduit à 5 mille hommes ou à 5 mille écus, ne saura tenir contre un plus fort, et le combat finira bientôt faute de combattants.

C'est ainsi que l'antagonisme industriel a changé le monde commercial en un torrent où les rochers, heurtés aux rochers, se brisent et se réduisent en simples galets, qui ne sont bientôt, à leur tour, qu'un sable aride, qu'une vaine poussière.

Ainsi disparaissent la plupart des valeurs sociales soumises à l'action destructive de la concurrence illimitée.

On savait bien tout cela, sans doute; mais de remède, on n'en indiquait point, ou de si nébuleux et de si compliqués, que leurs auteurs finissaient, comme dans les congrès scientifiques, par l'émission d'un simple vœu, de voir les gouvernements s'occuper de cette importante question.

Le hasard nous ayant mis la main sur le nœud gordien, s'il ne nous appartient pas de le trancher, au moins aurons-nous fait faire un grand pas vers la solution, qui consiste, à notre avis, dans l'application aux œuvres de l'intelligence, du grand principe créateur et conservateur de la société, LA PROPRIÉTÉ.

Faites que les mille et une inventions de l'industrie deviennent *la chose* de ceux qui les font.

Faites que la clientèle et l'achalandage soient la propriété de ceux qui les forment.

Faites qu'un livre, qu'un tableau, qu'un opéra, qu'une recette, qu'une méthode, appartiennent à ceux qui les conçoivent et leur donnent une forme ou une valeur commerciale ou marchande quelconque.

Permettez enfin à ceux qui défrichent l'un ou l'autre coin des jachères commerciales, de s'enclore chacun chez soi et de travailler chacun pour soi; vous verrez, à partir de ce moment, une sainte émulation s'emparer des hommes de cœur et de tête; vous verrez la nationalité se reconstituer; car la véritable patrie est l'enclos qui nous nourrit.

L'oisiveté n'aura plus d'excuse. Tous les hommes capables auront acquis le droit et la possibilité de s'asseoir au festin de la vie; les paresseux et les sots, en les servant à table, seront aussi à leur place et n'auront ni le droit ni même l'envie de murmurer.

L'ignorance et l'incapacité cédant la place qu'elles ont usurpée à l'intelligence et à l'activité, tout rentrera doucement dans l'ordre naturel, établi par le Créateur. Le repos et le bonheur du monde ne sont qu'à ce prix, s'il est jamais possible d'y atteindre. Mais tant que les contre-maîtres du grand Industriel, les véritables *semidei* des temps historiques, tant que les inventeurs, enfin, seront tenus hors la loi et privés du *droit commun* qui est évidemment la faculté de jouir du fruit de ses œuvres; tant que le génie ne sera pas affranchi; tant que le travail du serf intelligent ne lui laissera pas même un honnête pécule, — il ne faudra pas s'étonner qu'il entraîne, plus d'une fois encore, les esclaves au *Mont Aventin*.

La cause unique de cet état permanent de révolte, du prolétaire contre le propriétaire, est aisée à comprendre et serait bien facile à atténuer, en augmentant indéfiniment le nombre des propriétaires, sans déposséder les anciens. Distribuez donc les terrains vagues de l'industrie et du commerce à ceux qui savent les défricher, tout en leur imposant une redevance relative aux produits qu'ils en retirent, comme vous le faites pour les concessions de mines.

C'est de là que vous pourrez partir, pour établir des patentes progressives et volontaires, qui constitueront un jour le plus grand bénéfice du trésor.

Accordez des brevets perpétuels ou du moins emphytéotiques à tous ceux qui vous apporteront une industrie qui n'existe pas dans votre pays; les capitaux étrangers suivront les importateurs, et votre industrie prélèvera bientôt le tribut de la main-d'œuvre sur tous les pays moins avancés.

Ne vous inquiétez plus alors des débouchés. Celui qui fait bien et au plus bas prix possible, n'a pas besoin de protection.

Les modes de Paris volent par-dessus toutes les frontières du monde. Quand un prince russe, indien ou brésilien, a besoin d'un ameublement parisien, il ne s'informe pas du tarif des douanes.

N'hésitez donc pas à créer des milliers et des millions de monopoles de l'espèce de ceux que nous indiquons. Ceux-là ne sont pas plus dangereux que les monopoles de la propriété foncière, parce qu'ils n'empêchent pas plus le voisin de faire une meilleure invention, que vous ne pouvez l'empêcher de bâtir une maison plus belle ou plus commode que la vôtre.

Les anciens monopoles ou priviléges, acquis à prix d'argent, pétrifiaient à jamais l'industrie, étouffaient le génie des recherches et s'opposaient à tout progrès ; nos priviléges à nous n'exciteront qu'une noble et incessante émulation entre les travailleurs.

Le possesseur d'un monopole, qui s'endormirait un instant sur son privilége, courrait le risque d'en être dépouillé, comme le propriétaire, qui n'exerce pas une surveillance assez active sur ses affaires, court droit à sa perte.

La concurrence débridée de notre époque occasionne des pertes considérables dans le travail social, par les *doubles emplois,* qui proviennent de ce que beaucoup de fabricants s'occupent, souvent sans le savoir, à des produits similaires ; ce qui est la principale cause des encombrements et des crises commerciales.
Les catastrophes qui frappent les maîtres et font fermer les fabriques, mettent sur le pavé un grand nombre d'ouvriers, de commis et de voyageurs et portent le découragement dans leur esprit, en leur persuadant que l'industrie n'est qu'une loterie, sur laquelle on ne peut asseoir une position pour un avenir un peu long. On se prend alors à regretter le bon temps où nos pères se transmettaient leur modeste clientèle de père en fils, comme un immeuble assuré ; le temps où une enseigne, une étiquette, une estampille, une simple marque,

étaient une garantie suffisante de la qualité des marchandises qu'elles couvraient.

Depuis que la révolution de 93 a brisé toutes les institutions, bonnes ou mauvaises, pour les livrer à la *vaine pâture*, l'ancienne devise des marchands : *Bonne renommée vaut mieux que ceinture dorée*, est devenue un non-sens.

L'industrie n'est plus qu'une course au clocher ; pour un qui arrive, il en est dix qui tombent et se cassent le cou, après avoir foulé les moissons et ravagé les jardins de tout le monde.

Les choses en sont venues à ce point, qu'il est impossible aujourd'hui, à un honnête homme, de prospérer dans l'industrie, sans demander à la chimie les moyens de falsifier sa marchandise pour se tenir à la hauteur de ses confrères.

C'est pour remédier à ce désordre, que nous proposons de faire entrer dans le cadre de la propriété foncière tout ce qui est susceptible d'y prendre place.

C'est ainsi que les Anglais, dans l'Inde, font entrer dans leurs cadres militaires, les nègres vagabonds et les demi-sauvages des rives de l'Indus et du Gange qui, obéissant, dès lors, à la discipline commune, marchent à des succès assurés.

Ce que nous voulons faire pour toutes les industries, existe déjà pour la fabrication de la monnaie, des tabacs, du sel, de la poudre et pour l'exploitation des postes.

On ne saurait donc dire qu'il n'y a pas de précédents, capables de faire juger de ce qui se passerait, alors que la qualité des produits, garantie par les marques et la responsabilité des fabricants, commanderait la confiance au monde entier. C'est alors, sans doute, que l'achalandage et la clientèle n'auraient plus de bornes, et que les fabricats des maisons renommées pour leur probité, s'échangeraient avec la même confiance que les ducats de Hollande, dans tous les pays du monde : c'est ainsi que les draps écarlate, préférés dans toute l'Afrique, sont ceux qui portent le nom de la veuve *Biolley*, à Verviers, dont *Llander a trouvé des échantillons* jusqu'à Tombouctou.

Organiser l'industrie, c'est organiser le commerce et pousser indirectement à la consommation.

On sait que les farines des États-Unis, vérifiées à leur sortie par les contrôleurs du gouvernement, obtiennent la préférence, dans toute l'Amérique du Sud, sur les farines des pays libres du continent, qui leur ont souvent expédié du plâtre pour de la farine. Ce ne serait donc pas une mesure de mauvaise politique que celle qui ordonnerait la vérification de la qualité, de toutes les marchandises exportées des pays de libre concurrence.

N'ayez garde que les Chinois laissent embarquer des thés frelatés. La marque de tous les marchands *Hongs* et de tous les fabricants en général, qui accompagne les produits chinois, est une garantie.

A voir comme tout est bien emballé, muni du timbre des contrôleurs officiels et soigneusement scellé, on est obligé de reconnaître qu'il doit exister en Chine une législation industrielle et commerciale parfaitement entendue.

L'empereur lui-même doit être un négociant des plus distingués, pour avoir imaginé de monopoliser une des couleurs de l'arc-en-ciel à son profit; monopole singulier, mais qui lui tient lieu de liste civile.

On conçoit qu'une fois qu'il fut arrêté et consacré, par le temps, que l'empereur seul pouvait se servir de la couleur jaune, dans ses vêtements, ses meubles et sa vaisselle, tout ce qui portait la plus petite portion de cette teinte, a dû acquérir une valeur morale considérable, aux yeux d'un peuple qui professe une sorte de culte pour le fils du Soleil; aussi, tout ce dont l'empereur s'est servi une seule fois, est-il aussitôt mis au garde-meuble impérial, où les Mandarins et les grands de l'empire tiennent à honneur de venir se pourvoir, à des prix au moins doubles de la valeur réelle; ce qui doit constituer un revenu considérable pour le trésor impérial.

Revenons à notre sujet. M. *Michel Chevallier* pense, qu'une organisation sociale, quelle qu'elle soit, pourvu qu'elle ne ressemble pas au désordre actuel, lui serait toujours préférable. Nous sommes d'accord avec ce savant économiste sur ce point; mais nous avons, de plus, la conviction intime d'avoir ouvert la véritable voie à suivre, pour arriver, sans choc, à un ordre de choses, que l'on peut essayer sans le moindre danger et qui remédierait certainement aux maux les plus pressants.

C'est, nous le répétons, de constituer en propriétés perpétuelles, toutes celles qui ne sont encore que temporaires ou provisoires; telles que les inventions industrielles, artistiques et littéraires, les recettes, les modèles, les secrets, les méthodes; le droit d'auteur, de gravure, de moulage et d'estampage; les firmes, les étiquettes, les marques, les timbres, les estampilles, les plombs, les poinçons, les griffes, les devises, les emblèmes et jusqu'aux enseignes, aux clientèles, et aux dénominations quelconques dûment patentées ou déposées.

Pour aider le gouvernement à maintenir cette multitude de propriétés nouvelles, nous demandons le rétablissement de la juridiction des prud'hommes, et la sincérité des livrets, avec l'ancienne justice économique du *franc de Bruges*, qui terminait un procès, séance tenante, entre les marchands, fabricants, contre-maîtres et ouvriers, pour la bagatelle de six gros (27 centimes).

Nous demandons également l'organisation de l'apprentissage à l'américaine, qui ne permet pas à un apprenti, formé gratuitement aux frais du maître, de le quitter, avant un temps légalement prescrit, et d'aller lui faire une concurrence ruineuse, en récompense des soins qu'il a pris de son éducation; comme cela se pratique tous les jours, dans nos pays de liberté illimitée, où l'art individuel est loin de marcher en s'améliorant, attendu la nécessité dans laquelle se trouvent presque tous les ouvriers de réinventer leur métier, qu'ils ont mal appris.

Il faut surtout tâcher, par tous les moyens possibles, de *concilier l'ordre avec la liberté;* mais on n'y saurait parvenir qu'à l'aide de lois et règlements, destinés à assurer à chaque citoyen la jouissance des *droits communs,* sans empiètement possible sur ceux des autres.

Tant que cet ordre de choses équitable n'existera pas, le mal ira croissant et finira par ramener la société vers son origine, c'est-à-dire vers l'état sauvage.

Nous demandons enfin, avant tout, et comme la chose la plus urgente, l'émancipation des prolétaires de l'intelligence, parmi lesquels se recrutent les *Spartacus* de tous les temps et de tous les pays.

FIN.

# NOTES EXPLICATIVES.

Le lecteur s'apercevra, que cette brochure n'est, que la première ébauche d'une grande idée, jetée dans le torrent de la publicité périodique et que nous aurions voulu sauver du naufrage, en l'insérant dans le *Bulletin* que nous publions, sous la surveillance de la Commission administrative du Musée de l'Industrie.

Mais la Commission n'ayant pas jugé à propos d'accepter ce travail; et désirant qu'on n'interprète pas d'une manière à faire tort à ses connaissances, les motifs de cet interdit; nous devons les expliquer.

C'est que le cadre de notre Bulletin n'admettant que de l'*industrie technique*, et notre travail n'étant que de l'*industrie spéculative*, il ne pouvait y avoir lieu de lui accorder l'*imprimatur*.

L'ouvrage étant aux trois quarts composé, et les frais retombant à notre charge, nous n'avons cependant pas cru devoir en briser les formes. Nous espérons que l'on ne prendra pas cette résolution, pour une résistance à la censure; mais désirant écarter le plus possible le danger qu'il pourrait y avoir à répandre, parmi les travailleurs, des idées aussi avancées que celles que paraît contenir notre brochure, nous fixons à 20 francs le prix de l'exemplaire qui vaut à peine 2 francs.

Pour qu'on nous pardonne aussi, la *manie* de nous faire imprimer, nous en rejetterons la faute, sur les hommes, que nous regardons comme les plus compétents dans la matière en question; leurs lettres serviront peut-être d'excuse à notre témérité.

---

Monsieur JOBARD,

Mes occupations seules m'ont empêché jusqu'ici, de vous dire, ce que pourtant j'ai si bien senti en les lisant, que vos articles sur l'*Organisation de l'industrie* m'ont fait *le plus vif plaisir* et que *je suis de votre avis corps et âme; mais*, hélas! nous serons traités de rêveurs. N'importe, j'ai fait du prosélytisme, j'ai communiqué vos journaux à plusieurs députés et j'ai remarqué qu'ils avaient fait sensation.

Imprimez donc à part *ces excellentes idées*, et répandez-les à profusion.

Pour beaucoup, elles auront l'inconvénient de ne pas être sorties de leur cerveau; mais quand ils se les seront appropriées et qu'ils auront oublié que vous en êtes l'auteur, ils les donneront comme leurs et ils auront pour elles l'amour d'un père pour ses enfants.

Oui, vous avez raison, mais vous avez peut-être le tort d'avoir trop tôt raison. Dans ce siècle de lumières, il y a tant d'aveugles!

Adieu, cher collègue en tribulations industrielles; répétons nos idées, semons-les partout, elles finiront par lever quelque part.

Je me charge de disséminer à Paris l'intéressante brochure, qui fera de tous vos articles un *corps de doctrine* sur l'oganisation de l'industrie.

Adieu, à bientôt !<br>
A. SÉGUIER,<br>
De l'Académie des Sciences.

Paris, le 6 mai 1843.

---

Monsieur JOBARD,

J'ai reçu les n⁰ˢ du *Courrier Belge* que vous m'avez fait l'honneur de m'adresser. Il y a longtemps que j'apprécie les efforts que vous faites, pour guérir l'Europe de l'infirmité militaire qui la dévore et qui la ruine.

Je sais aussi avec quelle spirituelle énergie, vous faites la guerre aux abus de l'industrie, et je vous remercie, pour ma part, *des arguments que j'ai plus d'une fois puisés dans vos écrits.*

Si j'avais, en ce moment, ma liberté d'esprit tout entière, j'aurais bien quelques observations à vous soumettre, sur le curieux travail que vous venez de consacrer aux brevets d'invention: mais j'aime mieux vous exprimer ici, toutes mes *sympathies* pour votre verve infatigable, pour votre raison piquante, pour vos sérieuses recherches des meilleures lois à donner au monde laborieux.

Le temps est pour nous, Monsieur, pour vous surtout, qui le devancez par la hardiesse de vos vues et l'originalité de vos conceptions.

Si nous faisons enfin le chemin de fer de Paris à Bruxelles, j'irai vous voir, au lieu de vous écrire, et vous exprimer, en personne, mes sentiments déjà bien anciens pour vous.

BLANQUI,<br>De l'Institut.

Paris, 12 mai 1843.

---

Monsieur JOBARD,

Je suis heureux de me rencontrer avec un homme de votre mérite, sur des questions que vous avez traitées avec un talent si remarquable. Je me suis aussi occupé du parti que peuvent offrir les marques de fabrique, dans l'accomplissement de l'œuvre capitale de la société moderne, la régularisation du travail libre.

Permettez-moi de vous faire hommage de deux mémoires sur ce sujet.

Vous verrez, Monsieur, en les lisant, que sans être d'accord sur le principe générateur du privilége des inventeurs, ce qui ne m'empêche pas de reconnaître tout ce que votre argumentation présente d'ingénieux et de séduisant; vous verrez que les hommes de bonne foi et de bonne volonté, peuvent aboutir sur des points importants à des conclusions analogues.

Recevez, Monsieur, etc.

WOLOWSKI,<br>Professeur au Conservatoire des Arts et Métiers.

Paris, le 21 mai 1843.

---

Monsieur JOBARD,

En lisant vos articles sur l'*Organisation du travail*, je me figurais avoir pensé tout cela ; ce qui m'arrive, toutes les fois que je lis quelque chose de vrai et de juste. C'est une œuvre qui portera ses fruits, mais plus tard. Je ne suis pas surpris, parce que je vous connais, que vous ayez fouillé si profondément dans le vif, tout en rendant vos idées palpables, par des comparaisons frappantes, dans des questions où les nuances du bien et du mal se touchent et se fondent, pour ainsi dire, de façon à ne présenter aucune différence appréciable aux yeux du vulgaire.

Bien que vos théories ne soient pas à la veille de trouver leur application, je puis vous dire que j'ai eu l'occasion de m'apercevoir, depuis que j'ai lu vos articles, combien le nombre de gens qui partagent vos idées, sur les abus de la concurrence, est plus considérable que je ne l'aurais cru.

Le mal est si grand, il fait de si rapides progrès, que nous ne sommes peut-être pas si loin qu'on pourrait le penser, d'y voir appliquer le remède.

Il manquait un point de cristallisation, autour duquel les idées de tous les industriels pussent venir se grouper pour former un puissant faisceau, et ce centre, ce noyau, ce pivot, ce drapeau, vos articles le deviendront....

J'ai l'honneur, etc.

ROBERT,<br>Fabricant, rue Poissonnière.

Paris, le 30 mai 1843.

*P. S.* Jugeant inutile de mettre cet écrit, dans les mains de tout le monde ; nous nous bornerons à l'adresser au petit nombre d'hommes intelligents, et d'écrivains éclairés de notre connaissance, c'est pourquoi le tirage en est si restreint.

Nous serions charmé de recevoir les objections de nos lecteurs, ainsi que les journaux qui voudront bien en faire mention.

Comme nous cherchons la vérité, de bonne foi, nous *remercions* tous ceux qui peuvent nous remettre sur la voie, quand il nous arrive de ne pas l'apercevoir ou de nous en écarter.

JOBARD, *à Bruxelles.*

www.ingramcontent.com/pod-product-compliance
Lightning Source LLC
Chambersburg PA
CBHW061302060726
47596CB00002B/702